Super Visual

すぐに使える
上海語会話

Language Research Associates 編

張一紅 + 佐藤直昭
吹込：鄭成 + 張一紅
日本語吹込：勝田直樹

はじめに

　海外旅行をする時、「現地の人と、片言でもいいからその国の言葉で話せたらいいな」と思うことはありませんか。それができれば旅の楽しみも倍増しますよね。ちょっと言葉を交わしたことがきっかけで、友情が芽生えたり、観光客が行かないようなスポットを案内してもらえたり、また通り一遍の旅行では得られない経験ができたり、非常事態に出合ってもすんなり解決できたり…。

　片言でもいいから、短時間で話せるようになる方法はないでしょうか。そんな願いに応えるべく開発されたのがこの本です。この本の最大のポイントは、上海語と日本語の構造をビジュアル的に対比することによって、教科書を丸暗記するようにではなく、文の構造の輪郭がわかった上で会話の練習ができることです。今までとは違った、すばらしい学習効果が期待されること間違いなしです。

　今までの学習法では、文の構造を理解するために、まず文法による解説から入らなければなりませんでした。しかし、はじめて外国語を学習する時は、文法と聞いただけで拒絶反応を起こす方もたくさんいるでしょう。でもこのスーパー・ビジュアル法なら、細かいことは取り敢えず横に置いておいて、基本的な言葉の枠組みを知ることができるのです。上海語と日本語はこんな風に違っているのだ、ということがわかれば、後は構文と単語を体に覚えさせればいいわけです。

　本書が上海語を少しでも速くものにしたいと思う多くの方々の、お役にたてれば幸いです。

「スーパー・ビジュアル」って、何？

　あなたは、トンパ文字を知っていますか。
　トンパ文字とは、中国の雲南省に住むナシ族の人たちが、今から1000年ぐらい前の宋の時代から、経典として書き留めてきたもので、祈祷や厄除け安全、葬式などに引き継がれてきました。現在では一般には使われていませんが、それでも観光土産物などとして売られているそうです。かわいらしくて、なにかぬくもりがあって、デザイン的にも楽しいトンパ文字とは、どんな言語なのでしょうか。

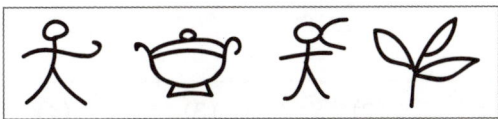

これを日本語に訳すと…、

私はご飯を食べたい

…となります。と、言われても、これでだけではチンプンカンプンですよね。
　しかし、これを次のように整理して、視覚的に配列するとどうでしょう。

(1)	(2)	(3)	(4)
私は +	ご飯を +	食べ　+	たい

3

こうすると、なんとなく「𠂉=私は」、「▽=ご飯」、「𠂉=食べる」「𠂉=したい」を意味しているらしいことがわかります。

そこで、これをもう少し発展させて、次のようにします。

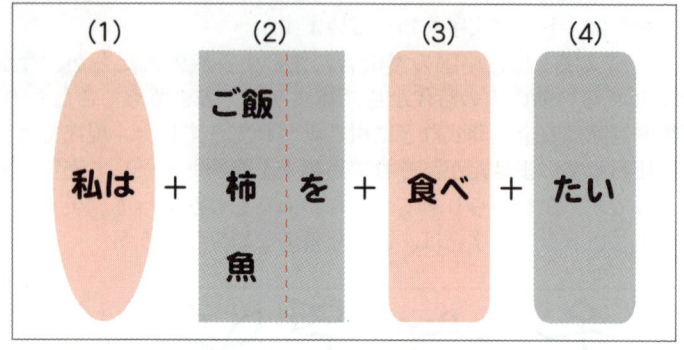

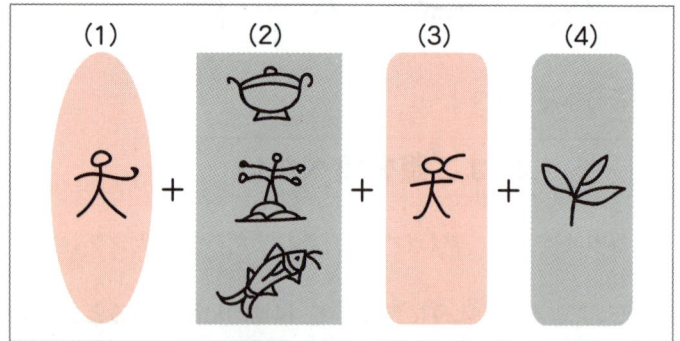

こうしてみると、トンパ語には (1) + (2) + (3) + (4) という基本構造があって、その構造は英語や中国語と違って日本語と似ていることがわかります。次に、(2) の位置の言葉を入れ替えることによって、「私はご飯を食べたい」「私は柿を食べたい」「私は魚を食べたい」という3つの文が成り立っていることもわかります。そこで、(2) に入れる言葉をこの他にももっと増やせば、この表現は単語の数だけ広がっていくというわけです。

このように日本語と外国語を、文の構造を対比させて図解し、外国語の構造を理解するのが**「スーパー・ビジュアル法」**です。

この方法だとややこしい文法の説明がなくても、何となく見ているだけで、この言葉はこういうつくりなのかとわかります。

　言葉の仕組みがわかった上で学習するのと、そうでないのとでは、その学習効果に天と地ほどの差が出てきます。例えば敵陣地を攻略する時、前もって飛行機などで偵察し、敵地の状況を知っていた方が有利でしょう。言葉を覚える時も一緒で、文の構造を把握していれば伸び方が違うのです。

　言葉の仕組みがわかれば、あとはそれに肉付けをするだけ、ひたすら努力あるのみです。付属のCDを繰り返し聞いて、声を出して、体に覚え込ませるしか方法はありません。でも、赤ん坊が何年もかかって言葉を覚えることを思うと、私たちは短期間で効率よく覚えようとするわけですから、ある程度の努力はしょうがないですよね。

本書の構成と学習法

Part 1: 最初の最初、必須表現 45

　この 45 の必須表現は、旅の最重要表現のエッセンス中のエッセンスです。これだけでも知っているのと、そうでないのとでは、旅の楽しみ方は非常に違ってきます。

　ほとんどが「決まり文句」ですから、すらすら口から出てくるようになるまで練習してください。

Part 2: すぐに使える重要表現 79 と基本単語 1000

　ここでは、海外での旅行・生活で重要となる表現 79 と、その表現に関連した基本単語約 1,000 語を収録しています。

　一つの重要表現を1ユニットとして、2ページ見開きで、上海語の構造が日本語との対比で視覚的にわかるようにレイアウトされています**（スーパー・ビジュアル法）**。

【学習法】
 1：まず上海語の構造を、日本語との対比で理解しましょう。
 2：上海語の構文を理解したら、テキストを見ながら、上海語の語句の入れ替え練習をしてみましょう。ＣＤを聞き、声を出して練習してください。日本語を見ただけで、上海語がすらすら出てくるようになるまで練習しましょう。
 3：語句は、料理で言えば材料です。材料がなければ、料理はできませんから、「語句を覚えよう！」でしっかり語句の練習もしましょう。根気よく覚えるのがコツです。
 4：「mini 会話」は、各 UNIT で習った表現が、実際に使われる場面を想定した会話例です。会話の流れも一緒に練習しましょう。
 5：「point」では、日本と上海の文化的な違いなどのコラムを織り交ぜて、表現上の注意などについて解説しています。

Part 3: とっさの時に役立つ単語集 2800

　上海に行って、「これ、上海語で何て言うのかな」と思った時などに、アイウエオ順で引ける便利な単語集です。旅のお供にどうぞ。

● ＣＤの録音内容

Part 1 では、左ページの和文とその上海語部分が、
Part 2 では、右ページの５つの上海語文の入れ替え練習と、
　　　　　「mini 会話」が収録されています。

ＣＤの録音時間：69 分 00 秒

目次

はじめに ……………………………………………………… 2

「スーパー・ビジュアル」って、何？ ……………………… 3

本書の構成と学習法 ………………………………………… 5

目次 …………………………………………………………… 7

Part 1　最初の最初、必須表現 45 …………………………11

UNIT 1	上海語の基本	……………………………12
UNIT 2	挨拶	……………………………………16
UNIT 3	初対面の挨拶	……………………………18
UNIT 4	初対面と別れ	……………………………20
UNIT 5	重要表現（1）	…………………………22
UNIT 6	重要表現（2）	…………………………24
UNIT 7	重要表現（3）	…………………………26
UNIT 8	買物の時の表現	…………………………28
UNIT 9	大変だ！（緊急時の表現）	……………30
UNIT 10	数字を使った表現	………………………32
UNIT 11	数字を覚えよう	…………………………34

Part 2　すぐに使える重要表現 79 と基本単語 1000 ………37

UNIT 12	私は〜です／ではありません。	………38
UNIT 13	あなたは〜ですか。	……………………40
UNIT 14	こちらは〜です。	………………………42
UNIT 15	私／私たちは〜から来ました。	………44
UNIT 16	これ／あれは〜ですか。	………………46

UNIT 17	私は〜を持っています／持っていません。	48
UNIT 18	これは〜です／ではありません。	50
UNIT 19	この辺に〜はありますか。	52
UNIT 20	〜はありますか。	54
UNIT 21	私は〜します／しました。	56
UNIT 22	あなたは〜をしますか／しましたか。	58
UNIT 23	私は〜はしません。	60
UNIT 24	〜が欲しい。	62
UNIT 25	私は〜をしたいのですが。	64
UNIT 26	あなたに〜して欲しいです。	66
UNIT 27	〜に行きたい／行きたくない。	68
UNIT 28	〜で行きたい／行きたくない。	70
UNIT 29	この〜は…行きですか。	72
UNIT 30	〜はいくらですか。	74
UNIT 31	まけてくれませんか。	76
UNIT 32	いつ／何時に〜しますか。	78
UNIT 33	〜はどこですか。	80
UNIT 34	〜は（数が）どれくらいですか。	82
UNIT 35	〜は何歳ですか。	84
UNIT 36	なぜ〜ですか。	86
UNIT 37	どのくらいかかりますか。	88
UNIT 38	どのくらいになりますか。	90
UNIT 39	〜は何ですか。	92
UNIT 40	どちらが〜ですか。	94
UNIT 41	どんな〜が好きですか。	96
UNIT 42	〜はいかがですか。	98
UNIT 43	〜してくれませんか。	100
UNIT 44	〜しなければなりません。	102

UNIT 45	〜を教えてください。	104
UNIT 46	もうすぐ〜します／になります。	106
UNIT 47	どうやって〜するのですか。	108
UNIT 48	どうぞ〜してください。	110
UNIT 49	〜で降ります。	112
UNIT 50	私は〜を探しています。	114
UNIT 51	〜は好きですか。	116
UNIT 52	私は〜が好きです／嫌いです。	118
UNIT 53	〜を見せてください。	120
UNIT 54	〜でしょうか。	122
UNIT 55	〜はできますか。	124
UNIT 56	〜をすることができます／できません。	126
UNIT 57	〜していいですか。	128
UNIT 58	〜しましょう。	130
UNIT 59	〜をお願いします。	132
UNIT 60	あなたは〜したいですか。	134
UNIT 61	私はとても〜です。	136
UNIT 62	あなたはとても〜ですね。	138
UNIT 63	(あなたは) 〜ですか。	140
UNIT 64	今日はとても (天気が) 〜ですね。	142
UNIT 65	〜 (な天気) になりそうですね。	144
UNIT 66	〜すぎます。	146
UNIT 67	(味が) とても〜ですね。	148
UNIT 68	もう少し〜してください。	150
UNIT 69	少し〜がする。	152
UNIT 70	私は〜をなくしました。	154
UNIT 71	〜が故障しました。	156
UNIT 72	〜をありがとうございます。	158

UNIT 73	～してすみません。	160
UNIT 74	すみません、～ですか。	162
UNIT 75	～によろしく。	164
UNIT 76	どうぞ～してください。	166
UNIT 77	彼／彼女に～をします。	168
UNIT 78	～にとても感動しました。	170
UNIT 79	～して嬉しく思います。	172
UNIT 80	～は楽しかったですか。	174
UNIT 81	～は初めてですか。	176
UNIT 82	AはBより～だ。	178
UNIT 83	私は～に興味があります／ありません。	180
UNIT 84	あなたは～をどう思いますか。	182
UNIT 85	～をお祈りします。	184
UNIT 86	～は上海語で何て言うのですか。	186
UNIT 87	～はどういう意味ですか。	188
UNIT 88	～したことがありますか。	190
UNIT 89	私はまだ～したことがありません。	192
UNIT 90	～をご存知ですか。	194

Part 3　とっさの時に役立つ単語集 2800 ―――― 197

Part 1

最初の最初、必須表現 45

UNIT 1　■これだけは知っておこう
CD-1　上海語の基本

1. 重要なのは発音
　広い中国には多くの方言が存在していますが、その中でも上海語は、使用人口の多さ、政治・経済・文化の重要性といった点から見ても、非常に大きな地位を占めている方言です。
　上海語をマスターする上で、一番重要なのは発音です。では、上海語の発音について詳しく見てみましょう。

2. 標準語よりも発音の種類が多い
　上海語の発音は、「普通話」と呼ばれる中国の標準語の発音とは大きく異なっています。
　普通話の子音には、発音する時に息を控えめに出す**無気音**と、発音するのと同時に息を激しく出す**有気音**があるだけですが、上海語にはこの他に**濁音**が加わります。
　例えば、「パ」という子音を発音をする時、唇が開いた後すぐに母音が始まるのが無気音で（「パー」という感じ）、唇が開いた後に激しい呼気を伴い、その後に母音が始まるのが有気音です（「パハー」という感じ）。濁音は、日本語の「ガ、ダ、バ…」といった濁音とほぼ同じです。
　また上海語には、「ンゴー」というようにガ行音の前に「ン」がついたような、普通話にはない**鼻音で始まる子音**も存在します。さほど難しい発音ではないので、練習すればすぐにできるようになるでしょう。

<普通話と上海語の発音の種類>

| 中国の標準語（普通話） | ：有気音＋無気音 |
| 上　　海　　語 | ：有気音＋無気音＋濁音 |

3. 声調は上海語の特徴の1つ
●声調は5種類
　上海語には、**声調**と呼ばれる声の高低の変化があり、音節の1つひとつに声の上げ下げを伴います。**声調**には次のような5種類があります。

上海語の声調

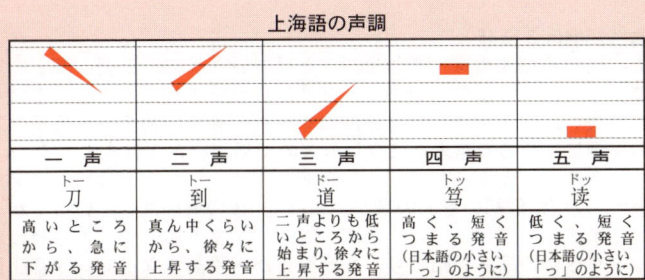

一声	二声	三声	四声	五声
トー 刀	トー 到	ドー 道	トッ 篤	ドッ 読
高いところから、急に下がる発音	真ん中くらいから、徐々に上昇する発音	二声よりも低いところから始まり、徐々に上昇する発音	高く、短くつまる発音（日本語の小さい「っ」のように）	低く、短くつまる発音（日本語の小さい「っ」のように）

●連読変調のしくみ

ただ上海語の声調は、1音節の時のみ上記のような声調で読まれて、2音節以上の単語・フレーズになると**連読変調**と呼ばれる声調の変化が起こります。以下がその例です。

連読変調

	一音節	二音節	三音節	四音節
一文字目が一声	セー 山	セー トン 山 東	セー トン ニン 山 東 人	セー トン ニン アッ 山 東 人 格
一文字目が二声	クァン 广	クァン トン 广 東	クァン トン ニン 广 東 人	クァン トン ニン アッ 广 東 人 格
一文字目が三声	サン 上	サン ヘー 上 海	サン ヘー ニン 上 海 人	サン ヘー ニン アッ 上 海 人 格
一文字目が四声	ポッ 北	ポッ チン 北 京	ポッ チン ニン 北 京 人	ポッ チン ニン アッ 北 京 人 格
一文字目が五声	サッ 日	サッ ペン 日 本	サッ ペン ニン 日 本 人	サッ ペン ニン アッ 日 本 人 格

●連読変調は3種類

　上海語の連読変調は、その単語またはフレーズの、最初の漢字の声調によって決まります。その時、2音節目以降の字は本来持っていた声調を失い、ある決まった音の流れを構成します。要するに**最初の漢字の声調に、その単語またはフレーズの抑揚が左右される**のです。

　連読変調には大きくわけて3種類あります。1つ目は最初の文字が一声のもので、**最初の音節の音が一番高く、後の音節はしだいに下がっていきます**。2つ目は二声・三声・四声で始まるもので、**1音節目が真ん中くらいの高さで始まり、2音節目が一番高くなって、3音節目以降はしだいに下がっていきます**。3つ目は五声で始まるもので、ずっと低い音を保ち、最後の音節だけ少し上がります。

　例えば「上海」という単語は、「上」が三声ですので、「上」が低めの発音で、「海」は必然的に高い発音になります。「海」は本来であれば第二声ですが、その特徴は失われています。

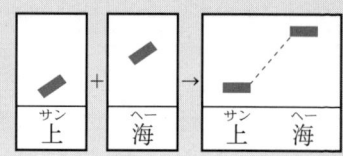

●まとまりで1つの声調を発音する

　連読変調はちょっとわかりにくく感じられるかもしれません。しかも、どの範囲で連読変調が起こるかは、文法なども関わってくるので、その度に覚えて慣れていくしかありません。そのため正確にマスターしようと思ったら、かなり時間がかかるでしょう。

　けれども上海語はこの連読変調のおかげで、普通話よりも発音が滑らかに聞こえます。漢字1つひとつの声調を必ず発音しなければならない普通話に比べると、ある語のまとまりで1つの声調を発音するので、日本語のアクセントと少し似たところもあるのです。

　なお、表記をすべて入れると非常にわかりにくくなるため、本書では連読変調の表示を省略しています。それでもCDを聞きながら勉強していけば、きっと少しずつ身についていくでしょう。

4．日本語と上海語の共通点
　上海語の発音には特徴があります。巻き舌音（そり舌音）がないのです。巻き舌音が苦手な日本人にとっては、大変嬉しいことですね。
　実は、上海人は日本人と同じで、巻き舌音を発音するのが結構苦手で、「普通話」を勉強する時に苦労しています。むしろ上海語と日本語の発音の方が共通点があるので、発音自体は親しみやすく、意外に簡単なことに気づくでしょう。発音の仕組みを勉強するのは難しいかもしれませんが、それはだんだんと覚えていきましょう。
　また、漢字の発音にも日本語と上海語の共通点があります。例えば、「日」という漢字の発音です。日本語の音読みには「ニチ」と「ジツ」という読み方がありますが、上海語にも「ニェッ」と「ザッ」というちょっと似た発音があります。こんなちょっとした発音の共通点からも、上海語の発音に親近感を感じられるのではないでしょうか。

5．カタカナ表記のふりがなの役割
　CDを聞いてまねするのは簡単かもしれませんが、CDをいつも聴けるとは限りません。本を読んで、急に発音が思い浮かばない時もあるでしょう。そのために、本書にはカタカナのふりがなをつけました。これはあくまでも覚えやすく、思い出させやすくするためのもので、決して厳密なものではありません。
　また、上海語は年齢・地域によっても発音が少し異なるため、本書の表記と実際の発音が違う場合もあるでしょう。CDを何度も聴き、後は実際の場で慣れていくしかありません。

6．"まね"から始めましょう
　上海語は、厳密に言えば書き言葉ではなく、話し言葉です。堅苦しいことは考えず、とにかく最初はまねして、しゃべってみることが大切です。赤ちゃんが初めて言葉を話す時のように、人が話すのをまねしてしゃべっているうちに、自然な上海語が身についていくことでしょう。
　みなさんもCDの発音をまねすることから始めて、正しい上海語の発音を身につけていってください。

UNIT 2 挨拶
CD-2

| こんにちは。 | 你好。
ノン ホー |

| おはよう ございます。 | 早上 好。
ツォーザン ホー |

| お元気ですか。 | 身体 好哦?
センティー ホーヴァッ |

| お陰様で、元気です。 | 托 你格 福, 蛮好格。
トッ ノンアッ フォッ メーホーアッ |

| さようなら。 | 再会。
ツェーウエー |

▶ "侬 好"は一日中いつでも使える便利な挨拶です。"侬 好"の他に、"老师好"(ロースー ホー)「先生、こんにちは」、"总经理 好"(ツォンチンリーホー)「社長さん、こんにちは」のように、"好"の前に相手への呼びかけの語を置くこともできます。

▶ "早上"は「朝」の意味です。他に"侬早"(ノンツォー)、"早朗 好"(ツォーランホー)という言い方もあり、後者は上海語独特の言い方です。夜の挨拶では"晚安"(ウエーウー)「お休みなさい」などが使われます。

▶ "身体 好哦?"という挨拶は、お年寄り・中年の方に対してよく使われますが、あらゆる年齢の人に対して使えるのは"最近 哪能啊?"(ツーチン ナーネンアー)「最近はいかがですか」という表現です。これは身体の健康状態・心情・仕事など、すべての面に対して「どうですか」と尋ねる挨拶です。

▶ 簡単に"谢谢,蛮好格"(シアジア メーホーアッ)「ありがとう、元気です」と言うこともできます。もともと上海人はあまり"托 侬格 福"という言葉をあまり使わなかったのですが、日本語の影響からか最近はよく聞かれるようになりました。

▶ 直訳すると「また会いましょう」という意味です。バリエーションとして"明朝会!"(ミンツォーウエー)「明日また会いましょう」、"晏歇会!"(エーシェッウエー)「後でまた」などといった別れの挨拶もあります。

UNIT 3　初対面の挨拶

CD-3

はじめまして。	初次 见面。 ツーツー　チーミー
お名前は？	侬 贵姓？ ノン　クエシン
私は 佐藤 です。	我 姓 佐藤。 ンゴー　シン　ツーデン
はじめまして、よろしく。	侬 好，请 多多 关照。 ノン　ホー　チン　トゥートゥー　クエーツォー
こちらこそ、よろしく。	也 请 侬 多 关照。 アー　チン　ノン　トゥ　クエーツォー

◆ ☐ の名詞は場面に応じて入れ換えましょう。

▶ 日本語の影響で、日本人に対しては"初次 见面"という挨拶が使われますが、上海人どうしの間では、あまり使われません。初対面の挨拶として最もよく使われているのは"侬 好"(ノンホー)「こんにちは」です。

▶ 相手の姓を尋ねる丁寧な聞き方で、他に"侬 尊姓？"(ノン ツェンシン)も同じように使われます。同世代の人や子どもなどには、簡単な聞き方の"侬 叫 啥格 名字？"(ノン チオー サーアッ ミンズー)を使うといいでしょう。

▶ "我 姓～"は「私は姓を～と言います」の意味で、フルネームを名乗る時は"我 姓 佐藤,名字 叫 博"(～,ミンズー チオー ポッ)または"我 叫 佐藤博"(ンゴー チオー ツーデンポッ)「私は佐藤博といいます」と言います。日本語の名前は一般的に、漢字をそのまま上海語の発音で読みます。

▶ "请 多多 关照"「よろしく」も日本語の影響で、日本人に使う挨拶です。上海人どうしの会話ではほとんど使いません。その代わり、正式の場合は"请 多多 指教"(チン トゥートゥー ツーチオー)「よろしくご指導お願い致します」がよく使われます。また、相手にお願いすることがある場合は、"请 多多 帮忙"(チン トゥートゥー パンマン)「いろいろお力になってください」を使います。

▶ "关照"は「面倒（をみる）、世話」という意味です。"指教"「指導、助言」を使った"也 请 侬 多 指教"(アーチン ノントゥツーチオー)「よろしくお願いします」という表現もありますが、こちらは目上の人に使います。また、"啥格 闲话呢,也 请 侬 多 关照"(サーアッ エーオーナッ、アーチン ノントゥ クエーツォー)「いえいえ、こちらこそよろしく」というように、前に"啥格 闲话呢"「いいえ、とんでもない」をつけることもあります。

UNIT 4　初対面と別れ

| お目にかかれて嬉しいです。 | 看到 侬 老 开心格。
クートー ノン ロー ケーシンアッ |

| こちらこそ。 | 我 也 老 开心格。
ンゴー アー ロー ケーシンアッ |

| また会いましょう。 | 下趟 再会。
オータン ツェーウエー |

| 山本さんによろしく。 | 请 向 山本 问好。
チン シァン セーペン メンホー |

| 楽しいご旅行を！ | 祝 侬 旅行 愉快！
ツォッ ノン リュィーイン ユィークアー |

▶ "看到"「会う」を"认得"(ニンタッ)「知り合う」に変えて"认得 侬 老 开心格"(ニンタッ ノン ロー ケーシンアッ)「お知り合いになれて嬉しいです」、"荣幸"(ィヨンシン)「光栄です」を使って"看到 侬 老 荣幸格"(クートー ノン ロー ィヨンシンアッ)「お会いできて光栄です」と言うこともできます。

▶ 「私も嬉しいです」というのが全文の意味です。簡単に"我 也 是格"「私もです」と言うこともあります。また、既にその人について何か聞いていた場合には、"我 也 老 开心格, 我 一直 老 想 搭 侬 见面格"(ンゴー アー ロー ケーシンアッ、ンゴー イェッザッ ロー シャン タッ ノン チーミーアッ)「こちらこそ、私もずっとあなたにお会いしたいと思っておりました」と答えることもできます。

▶ "下趟"は「次回」という意味です。"下趟 再会"は直訳すると「次回、また会いましょう」という意味です。その他に、"有 机会 再 碰头"(イォウ チーウエー ツェー バンドォウ)「機会がありましたら、また会いましょう」もよく使われます。

▶ 「山本さんによろしくお伝えください」が全文の意味です。他にもよく使われる表現で、"请 代我 问 山本 好"(チン デーンゴー メン セーペン ホー)がありますが、直訳は「私の代わりに山本さんに挨拶をしてください」になります。

▶ "祝"は「何かを祈る、願う」という意味の言葉で、直訳すると「旅行が愉快であることをお祈りします」となります。旅立つ人に対する挨拶は、他に"祝 侬 一路 平安"(ツォッ ノン イェッルー ビンウー)「どうぞご無事で」などもよく使われます。

UNIT 5 重要表現（1）

ありがとう。	谢谢。 シアジア
どういたしまして。	勿谢。 ヴァッ ジアー
コーヒーを お願いします。	请 拨 我 一杯 咖啡。 チン パッ ンゴー イェッペー カーフィー
ちょっと すみませんが。	打扰 一下。 タンロー イェッシア
大丈夫です。	没 问题。 マッ ヴェンディー

▶ その他に、"谢谢 侬"（シアジア ノン）もよく使われます。けれども、"谢谢 俺 一家门"（シアジア ナー イェッカーメン）「あなたの一家に感謝します（直訳）」は、"余計なお世話"という意味で使われるので、皮肉っぽい言い方になります。注意しましょう。

▶ 他に"勿 客气"（ヴァッ カッチー）もよく使われますが、"客气"（カッチー）は「遠慮」という意味の言葉なので、「どういたしまして」という意味だけではなく、「どうぞお構いなく」という意味でも使われます。

▶ 何かが欲しい時は"请 拨 我 〜"と言います。"请"は「お願いする、頼む」という意味で、"请"一言だけでも「お願いします」、「どうぞ」の意味で使うことができます。

▶ "打扰"はもともと「邪魔をする」という意味なので、相手の仕事などの邪魔をしてものを尋ねたりする時は、このように声をかけます。他に"麻烦 侬"（モーヴェーノン）「ご面倒ですが」、"请 问"（チンメン）「お尋ねしますが」などもよく用いられます。

▶ 文字通り「問題ありません」という意味です。他に"勥紧格"（ヴィヨーチンアッ）、"没关系"（マックエーシー）もよく使われますが、これらの言葉は「構わない、差し支えない、心配ない、大丈夫だ」など、より広い意味で用いられます。何事にもおおらかな上海人の間ではよく聞かれる言葉です。

UNIT 6 重要表現（2）

はい。	是格。 ズーアッ
いいえ。	勿是。 ヴァッズー
知りません。	勿 暁得。 ヴァッ シオータッ
知っています。	暁得格。 シオータッアッ
もしもし。 （電話）	喂。 ウエー

▶ 「はい」という答は、質問の文の形式によって異なります。例えば、"是勿是〜?"(スーヴァッズー)「〜ですか」という質問に対する肯定的な返事には"是格"が使われますが、"有勿有?"(イォウヴァッイォウ)「ありますか」の返事は"有格"(イォウアッ)「あります」になり、"対勿対?"(テーヴァッテー)「そうですか」なら"対格"(テーアッ)「そうです」になります。

▶ 否定の答も同じで、"是勿是〜?"(スーヴァッズー)「〜ですか」に「いいえ」と答える時は"勿是"を使いますが、"有勿有〜?"(イォウヴァイォウ)「〜はありますか」という問いに対しては"没"(マッ)が「いいえ」になります。質問文のスタイルをよく見極めましょう。

▶ "勿 暁得"は「事実を知らない、問題とされていることの答を知らない」という意味です。「(理解できなくて)わからない」という時には、"我 搞勿 清爽"(ンゴー ゴーヴァッ チンサン)、"我 勿懂"(ンゴー ヴァットン)などと言います。

▶ "我 暁得格"(ンゴー シオータッアッ)と言うと「(言われなくても)わかっています」というニュアンスが加わります。また説明などを受けて「わかりました」という時には、最後に「完了」を表す言葉、"了"(ラッ)をつけて"暁得了"(シオータッラッ)と言います。

▶ "喂"(ウエー)は、上がり調子でも下がり調子でも発音されます。電話を受けた時は"俫 是 阿里位?"(ノン ズー アーリーウエー)「どちら様ですか」、"俫 尋 啥人"(ノン シン サーニン)「どちらにおかけですか」などと聞きます。

UNIT 7
CD-7

重要表現（3）

ちょっと待ってください。	请 等 一歇。 チン テン イェッシェッ
トイレはどこですか。	洗手间 勒 啥地方？ シーソゥケー ラッ サーディーファン
上海語は話せますか。	侬 会 讲 上海闲话哦？ ノン ウエー カン サンヘーエーオーヴァッ
上海語はわかりません。	我 勿懂 上海闲话。 ンゴー ヴァットン サンヘーエーオー
上海語は話せません。	我 勿会 讲 上海闲话。 ンゴー ヴァッウエー カン サンヘーエーオー

▶ "等"は「待つ」、"一歇"は「ちょっとの間」という意味です。他の表現としては、"请 等一等"(チン テンイェッテン)や"请 等等"(チン テンテン)もよく使われます。

▶ 場所を尋ねる疑問文は"～(場所)勒 啥地方?"という形になります。「トイレ」を指す言葉には、他に"厕所"(ツースー)や"卫生间"(ウエーセンケー)などがあります。また、友達どうしや学生の間では、"一号"(イェッオー)という言葉も使われています。「トイレに行って来るね」と言いたい時は、"我 去 一号"(ンゴー チー イェッオー)となります。

▶ 語学や運転などの、訓練して修得する技術について、できるかどうか尋ねる場合は"侬 会 ～哦?"と言い、「日本語はできますか」なら"侬 会 讲 日文哦?"(ノン ウエー カン サッヴェンヴァッ)となります。答は、「はい」なら"会格"(ウエーアッ)、「いいえ」なら"勿会"(ヴァッウエー)となります。

▶ "懂"(トン)は「わかる、理解する」という意味です。文字になったものを見せられてわからなければ"看勿懂"(クーヴァットン)、言われたことがわからなければ"听勿懂"(ティンヴァットン)と言います。

▶ 「上海語は全然できない」は"我 一眼 也 勿会 讲 上海闲话"(ンゴー イェッンゲー アー ヴァッウエー カン サンヘーエーオー)、「上海語が少しできます」は"我 会 讲 一眼 上海闲话"(ンゴー ウエー カン イェッンゲー サンヘーエーオー)と言います。"侬 会 讲 上海闲话哦?""上海語は話せますか」と聞かれて、「少し」と答えるなら"会一眼"(ウエーイェッンゲー)だけでも大丈夫です。

27

UNIT 8 買物の時の表現

いくらですか。	几钿？ チーディー
高いよ。	忒 贵了。 タッ チュィーラッ
とても安いね。	老 便宜格。 ロー ビーニーアッ
これをください。	请 拨 我 掮个。 チン パッ ンゴー ガッアッ
いりません。	勿要。 ヴァッィヨー

▶ 物が一個でも複数でも、この聞き方で大丈夫ですが、「1ついくらですか」と聞きたい時は"一只 几钿？"(イェッツァッ チーディー)、「全部でいくらですか」なら"一共 几钿？"(イェッゴン チーディー)と言います。

▶ 「値段が高い」は"贵"(チュィー)と言います。"忒 ～了"は「～すぎる」という意味で、発音する時は"忒"(タッ)を強調すると気持ちがよく伝わるでしょう。「少し高い」は"贵勒 一眼"(チュィーラッ イェッンゲー)と言います。

▶ 上海語の"老"は「古い、年をとっている」という意味だけではなく、「とても、大変」という意味でも使われます。「少し安くしてください」は、後ろに"一眼"(イェッンゲー)「少し」をつけて"便宜 一眼哦"(ビーニー イェッンゲーヴァッ)と言います。

▶ これはやや丁寧な言い方で、もっと簡単に"拨 我 辫个"(パッンゴー ガッアッ)あるいは"我 要 辫个"(ンゴー ィヨー ガッアッ)と言うこともできます。「3つください」は、"拨 我 三只"(パッンゴー セーツァッ)と言います。

▶ "勿"は否定詞で、"要"は「いる、必要である」という意味です。買い物の時だけでなく、必要のないサービスを勧められた時なども、"勿要"を使って断ることができます。また、上海語ではこの他に、"覅"(ヴィヨー)という当て字を使う独特な言い方もあります（勿要＝覅）。

UNIT 9 大変だ！（緊急時の表現）

助けて！	救命啊！ チォウミン アー
つきまとわないで！	甭 缠牢 我！ ヴィヨー ズーロー ンゴー
救急車を呼んでください。	请 搭 我 叫 救护车。 チン タッ ンゴー チオー チォウウーツォー
病院へ行ってください。	请 去 医院 哦。 チン チー イーユィーヴァッ
お金を取られました。	我 钞票 拨 人家 偷脱了。 ンゴー ツォーピオー パッ ニンカー トォウタッラッ

▶ 他に、とっさの時に使う言葉としては"捉 小偷！"（ツォッ シオートォウ）「泥棒だ、捕まえて！」、"着火啦！"（ザッフーラー）「火事だ！」、"出事体啦"（ツァッズーティーラー）「大変だ！」、"来人 啊！"（レーニン アー）「誰か来て！」などがあります。

▶ ここの"勿"（ヴィヨー）は「～するな」という強い禁止の言葉で、"勿 进来！"（ヴィヨー チンレー）「入ってこないで！」、"勿 动！"（ヴィヨー ドン）「動かないで！」のように使うことができます。他に、"出去！"（ツァッチー）「出て行け！」、"放手！"（ファンソゥ）「手を放して！」なども覚えておくといいでしょう。

▶ "请 搭 我～"は「私のために～してください」という丁寧な依頼ですが、緊急の場合は"叫 救护车！"「救急車を呼んで！」だけで充分でしょう。「警察を呼んで！」は"叫 警察！"（チオー チンツァッ）となります。

▶ 「私を病院に連れて行ってください」とはっきり言いたい時は、"请 带 我 去 医院"（チンター ンゴー チー イーユィー）となります。なお上海語の"医院"は日本の「病院」に相当し、入院設備などもある総合病院のことを指します。

▶ "钞票"「お金」を"皮夹子"（ビーカッツー）「財布」、"护照"（ウーツォー）「パスポート」、"包"（ポー）「かばん」などに置き換えても使うことができます。また、「～を紛失した」と言いたい時は"我 ～ 落脱了"（ンゴー ～ ロッタッラッ）と言います。

31

UNIT 10 数字を使った表現

お金 「5.6元」	五块 六角 ノークエー ロッコッ
電話番号 「132-57045」	一三二 - 五七〇四五 イヨーセーリァン ノーチェッリンスーノー
時刻・時間 「午前9:40」 「午後2:30」	上半天 九点 四十分 サンプーティー チョウティー スーザッフェン 下半天 两点半 オープーティー リァンティープー
年月日 「2004年4月1日」	二〇〇四年 四月 一号 リァンリンリンスーニー スーイョッ イェッオー
物の数え方 1人　本2冊 紙3枚　ひも4本	一个 人　　两本 书 イェッアッ ニン　リァンペン スー 三张 纸头　四根 绳子 セーツァン ツードォウ　スーケン ゼンツー

▶ お金の単位には"块"(クエー)「元」、"角"(コッ)「角」があり、1块＝10角です。話し言葉では、「～元」の場合は"～块 洋钿"(クエーアンディー)("洋钿"は「お金」の意味)という言い方もします。また、"角"を省略して"八块 三"(パックエー セー)「8元3角」、"六块 五"(ロックエー ンー)「6元5角」のように言うこともよくあります。

▶ 電話番号は数字を1つずつ読みます。"一"「1」の発音は本来"イェッ"ですが、"七"(チェッ)と聞き間違えやすいので、電話番号やホテルの部屋番号などを言う時は、しばしば"ィヨー"と発音されます。ハイフンは読みません。

▶ 「～時」は、上海語では"～点钟"(ティーツォン)と言い、7:00 は"七点钟"(チェッティーツォン)になります。でも「～時ちょうど」でない時は、"七点半"(チェッティープー)「7時半」のように"钟"がなくなります。なお、英語の"quarter"から来た言い方で、15分を"刻"(カッ)と表すことがあり、7:15は"七点 一刻"(チェッティー イェッカッ)、7:45は"七点 三刻"(チェッティー セーカッ)になります。

▶ 年月日の表記は基本的に日本語と同じで、数字も1つずつ読めばよいので特に難しいことはありません。なお曜日は月曜日が"礼拝一"(リーパーイェッ)で、火曜日からは数字が1つずつ増えていき、土曜日が"礼拝六"(リーパーロッ)となります。日曜日は"礼拝天"(リーパーティー)または"礼拝日"(リーパーニェッ)と言います。

▶ 上海語の物を数える語(量詞)は非常に複雑で、平たいものは"张"(ツァン)「～枚など」、細長い物は"根"(ケン)、"条"(ディオー)「～本など」というように、数えるものの形状などによって、細かく使いわけなくてはなりません。1つずつ覚えていくしかありませんが、わからない時は最も一般的な"只"(ツァッ)「～個」を使うのも1つの方法でしょう。

UNIT 11　数字を覚えよう
CD-11

1	一 イェッ	11	十一 サッイェッ	21	廿一 ニエーイェッ
2	二 リャン	12	十二 サッニー	22	廿二 ニエーニー
3	三 セー	13	十三 サッセー	23	廿三 ニエーセー
4	四 スー	14	十四 サッスー	24	廿四 ニエースー
5	五 ンー	15	十五 サッンー	25	廿五 ニエーンー
6	六 ロッ	16	十六 サッロッ	26	廿六 ニエーロッ
7	七 チェッ	17	十七 サッチェッ	27	廿七 ニエーチェッ
8	八 パッ	18	十八 サッパッ	28	廿八 ニエーパッ
9	九 チョウ	19	十九 サッチョウ	29	廿九 ニエーチョウ
10	十 サッ	20	廿 ニエー	30	三十 セーザッ

40	四十 スーザッ	いろいろな 数字の読み方	
50	五十 ンーザッ		
60	六十 ロッザッ	100 の単位	百位 パッウエー
70	七十 チェッザッ	1,000 の単位	千位 チーウエー
80	八十 パッザッ	10,000 の単位	万位 ヴェーウエー
90	九十 チョウザッ	101	一百零一 イェッパッリンイェッ
100	一百 イェッパッ	110	一百十 イェッパッザッ
1,000	一千 イェッチー	2,003	両千零三 リァンチーリンセー
10,000	一万 イェッヴェー	3,400	三千四百 セーチースーパッ
100,000	十万 サッヴェー	5,060	五千零六十 ンーチーリンロッザッ

Part 2

すぐに使える重要表現 79 と
基本単語 1000

UNIT 12　自分のことを言う
CD-12
私は〜です／ではありません。

1	3	2
私は	日本人 ビジネスマン 佐藤 学生 技術者	です。 ではありません。

語句を覚えよう！

日本人 サッペンニン	日本人	営业员 インニェッユィー	店員
公司职员 コンスーツァッユィー ／企业家 チーニェッチアー	ビジネスマン	女职员 ニュイーツァッユィー	OL
佐藤 ツーデン	佐藤	主妇 ツーヴー	主婦
学生 オッサン	学生	老板 ローペー	社長
技术员 チーザッユィー	技術者	办事员 ベーズーユィー	事務員

UNIT 12
CD-12

我 是／勿是 ～。

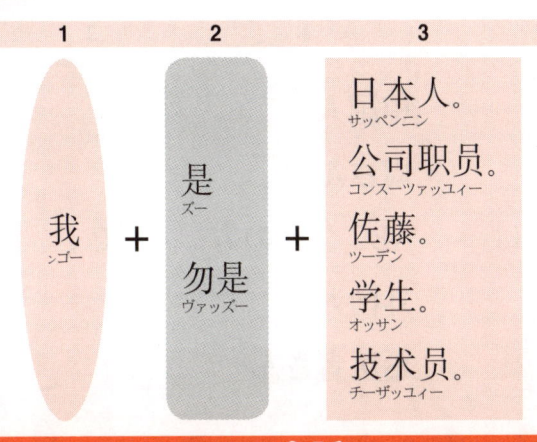

1	2	3
我 ンゴー	是 ズー / 勿是 ヴァッズー	日本人。 サッペンニン 公司职员。 コンスーツァッユィー 佐藤。 ツーデン 学生。 オッサン 技术员。 チーザッユィー

mini 会話

A：あなたは中国人ですか。　侬 是 中国人哦？
　　　　　　　　　　　　　ノン ズー ツォンコッニンヴァッ
B：いいえ、中国人ではありま　勿是格，勿是 中国人，
　　せん、日本人です。　　　ヴァッズーアッ ヴァッズー ツォンコッニン
　　　　　　　　　　　　　是 日本人。
　　　　　　　　　　　　　ズー サッペンニン
A：あなたは学生ですか。　　侬 是 学生哦？
　　　　　　　　　　　　　ノン ズー オッサンヴァッ
B：いいえ、ビジネスマンです。勿是格，是 公司职员。
　　　　　　　　　　　　　ヴァッズーアッ ズー コンスーツァッユィー

Point "我 是 〜""私は〜です"は主に自分のことを説明したり、質問の答として用いられたりする表現です。職業を表す名詞は、日本語と中国語とで若干ニュアンスの異なるものもあります。例えば「ビジネスマン」は、自分で事業をしている人であれば"企業家"もしくは"老板"で、会社員であれば"公司职员"となります。

UNIT 13
CD-13

● 相手について聞く

あなたは～ですか。

1	3	2	4
あなたは	中国人 周さん ABC会社の方 外国人 お医者さん	です	か。

語句を覚えよう！

中国人 ツォンコッニン	中国人	美国人 メーコッニン	アメリカ人
～先生 シーサン /～女士/～小姐 ニュイーズー シオーチアー	～さん（男性） ～さん（女性）	法国人 ファッコッニン	フランス人
ABC公司格 人 エービースィーコンスーアッ ニン	ABC会社 の方	徳国人 タッコッニン	ドイツ人
外国人 ンガーコッニン	外国人	上海人 サンヘーニン	上海人
医生 イーサン	医者	北京人 ポッチンニン	北京人

UNIT 13 CD-13 — 侬 是 ～哦？

1	2	3	4

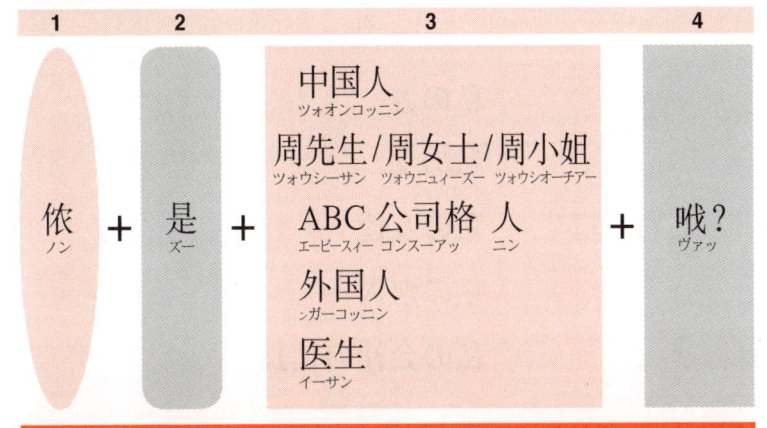

侬（ノン） + 是（ズー） +
- 中国人（ツォオンコッニン）
- 周先生／周女士／周小姐（ツォウシーサン／ツォウニュィーズー／ツォウシオーチアー）
- ABC公司格人（エービースィー コンスーアッ ニン）
- 外国人（ンガーコッニン）
- 医生（イーサン）

+ 哦？（ヴァッ）

mini 会話

A：あなたは李さんですか。　　侬 是 李先生哦？
　　　　　　　　　　　　　　（ノン ズー リーシーサンヴァッ）
B：いいえ、違います。　　　　勿是格。
　　　　　　　　　　　　　　（ヴァッズーアッ）
A：失礼しました。　　　　　　対勿起。
　　　　　　　　　　　　　　（テーヴァッチー）
　　じゃあ、文さんですか。　　葛么，侬 是 文先生哦？
　　　　　　　　　　　　　　（カッマッ　ノン ズー ヴェンシーサンヴァッ）
B：そうです。　　　　　　　　是格。
　　　　　　　　　　　　　　（ズーアッ）

Point UNIT12の構文の後ろに疑問を表す"哦？"をつければ、疑問文になります。それに対する答は、「はい」なら"是"、「いいえ」なら"勿是"だけで大丈夫です。また、肯定の"是"と否定の"勿是"を重ねた、"侬 是勿是 ～？"「あなたは～ですか」という形の疑問文もあります。また、「～さん」にあたる敬称は、男性なら"先生"（シーサン）、地位がある女性なら"女士"（ニュィーズー）、若い女性なら"小姐"（シオーチアー）を用います。

UNIT 14　紹介する時
CD-14
こちらは〜です。

1	3	2
こちらは	私の妻 私の父 私の友達 私の恋人 私の会社の社長	です。

語句を覚えよう！

夫人／老婆 フーニン　ローブー	妻	丈夫／老公 ツァンフー　ローコン	夫
爸爸 パーパー	父	阿爷阿娘 アッイヤーアッニャン 外公外婆 ンガーコンンガーブー	(父方の)祖父母 (母方の)祖父母
朋友 パンイォウ	友達	爸爸姆妈 パーパームーマー	両親
対象 テージャン 男朋友/女朋友 ヌーパンイォウ ニュィー パンイォウ	恋人 恋人(男/女)	儿子 ニーツー	息子
老板 ローペー	社長	囡五 ヌーニー	娘

UNIT 14 　 掰（位）是 〜。
CD-14

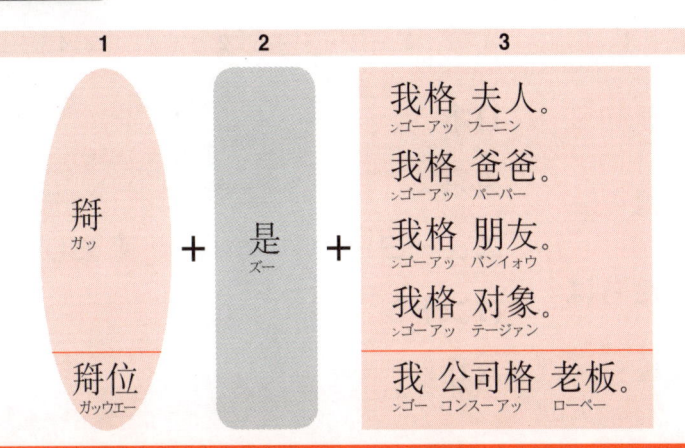

1	2	3
掰 ガッ 掰位 ガッウエー	是 ズー	我格 夫人。ンゴーアッ フーニン 我格 爸爸。ンゴーアッ パーパー 我格 朋友。ンゴーアッ パンイォウ 我格 対象。ンゴーアッ テージァン 我 公司格 老板。ンゴー コンスーアッ ローペー

mini 会話

A：はじめまして。　　　　　　初次 见面。
　　　　　　　　　　　　　　ツーツー チーミー
　　こちらは私の妻です。　　掰 是 我格 夫人。
　　　　　　　　　　　　　　ガッ ズー ンゴーアッ フーニン
B：はじめまして。　　　　　　侬 好。
　　　　　　　　　　　　　　ノン ホー
　　お目にかかれて嬉しいです。看到 侬 老 开心格。
　　　　　　　　　　　　　　クートー ノン ロー ケーシンアッ

Point 目上の人を紹介する場合は、丁寧に"掰位 是 〜"と言いますが、家族や親友など親しい人を紹介する場合は"掰 是 〜"となります。紹介する時はまず"我 来 介紹一下"（ンゴー レー チアーゾーイェッシア）「ご紹介させていただきます」と言ってから紹介するのが一般的です。なお、家族や自分の所属する組織について言う時は、"我爸爸"（ンゴーパーパー）「私の父」、我公司（ンゴーコンスー）「私の会社」と、"格"を言わないことがよくあります。

UNIT 15　●出身地の表現
私／私たちは〜から来ました。

1	3	2	4
私は 私たちは	日本 東京 ニューヨーク ロンドン パリ	から	来ました。

語句を覚えよう！

日本 サッペン	日本	从 〜 ゾン	〜から
东京 トンチン	東京	汉城 フーゼン	ソウル
纽约 ニォウィャッ	ニューヨーク	曼谷 メーコッ	バンコク
伦敦 ルンテン	ロンドン	河内 ウーネー	ハノイ
巴黎 パーリー	パリ	马尼拉 マーニーラー	マニラ

UNIT 15
CD-15

我/阿拉 是 从 ～ 来格。

1	2	3	4
我 ンゴー 阿拉 アッラッ	+ 是 从 ズー ゾン	+ 日本 サッペン 东京 トンチン 纽约 ニォウイャッ 伦敦 ルンテン 巴黎 パーリー	+ 来格。 レーアッ

mini 会話

A: どちらから来ましたか。　　侬 是 从 啥地方 来格？
　　　　　　　　　　　　　　　ノン ズー ゾン サーディーファン レーアッ

B: 私は日本から来ました。　　我 是 从 日本 来格。
　　　　　　　　　　　　　　　ンゴー ズー ゾン サッペン レーアッ

C: 私たちはニューヨークから　阿拉 是 从 纽约 来格。
　　　来ました。　　　　　　　アッラッ ズー ゾン ニォウイャッ レーアッ

Point 「日本の名古屋から来ました」は"我 是 从 日本格 名古屋 来格"（ンゴー ズー ゾン サッペンアッ ミンクーオッ レーアッ）となります。なお、"是 ～格"は、既に起こったことについて「～なのです」と説明するニュアンスを帯びた文型なので、将来のことについて用いることはできません。例えば「明日、あなたはどこから出掛けますか」なら、"明朝 侬 从 啥地方 出发？"（ミンツォー ノン ゾン サーディーファン ツァッファッ）と言います。

UNIT 16
CD-16

■ 物について尋ねる

これ／あれは～ですか。

| 1 | 3 | 2 | 4 |

| これは
あれは | 何ですか。
学校
病院
食べ物
動物 | です | か。 |

語句を覚えよう！

啥物事 サーマッズー	何（ですか）	植物 ザッヴァッ	植物
学堂 オッダン	学校	猪肉 ツーニォッ	豚肉
医院 イーユィー	病院	帯魚 ターンー	太刀魚
食品 サッピン	食べ物	肉 ニォッ	肉
動物 ドンヴァッ	動物	魚 ンー	魚

UNIT 16
CD-16

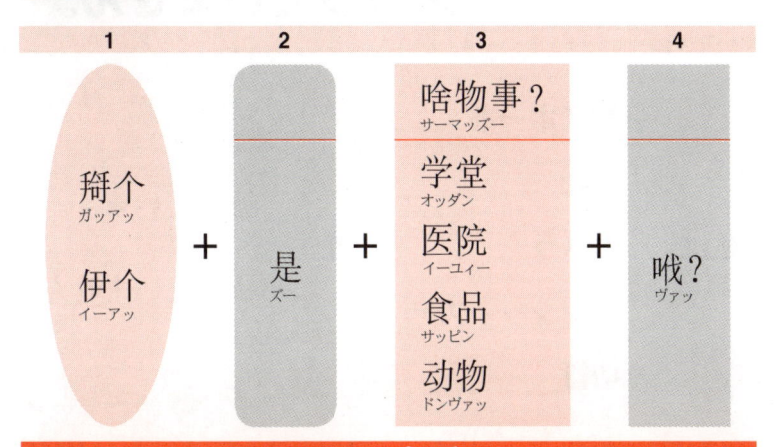

箇个/伊个 是 〜 哦？

1	2	3	4
箇个 ガッアッ / 伊个 イーアッ	＋ 是 ズー ＋	啥物事？ サーマッズー / 学堂 オッダン / 医院 イーユィー / 食品 サッピン / 动物 ドンヴァッ	＋ 哦？ ヴァッ

mini 会話

A：これは何ですか。　　　箇 是 啥物事？
　　　　　　　　　　　　　ガッ ズー サーマッズー
B：豚肉です。　　　　　　是 猪肉。
　　　　　　　　　　　　　ズー ツーニォッ
A：あれは何ですか。　　　伊个 是 啥物事？
　　　　　　　　　　　　　イーアッ ズー サーマッズー
B：太刀魚です。　　　　　是 带鱼。
　　　　　　　　　　　　　ズー ターンー

Point　上海語の"箇个"は「これ、この」という意味ですが、"个"を省略して、"箇"だけを使う場合もあります。しかし"伊个"「あれ、それ」の場合は、"个"をあまり省略できません。"哦"は疑問を表す言葉で、文末に置かれます。"箇 是勿是 猪肉？"（ガッ スーヴァッズー ツーニォッ）「これは豚肉ですか」というように、"是勿是 〜"を用い、文末に"哦"をつけない疑問文もありますが、"箇 是 〜哦？"「これは〜ですか」という形式の文に比べて、口調が少し強くなります。

UNIT 17 CD-17

■ 所有の表現
私は〜を持っています／持っていません。

1	3		2
私は	パスポート 荷物 カメラ クレジットカード 切符	を	持っています。 持っていません。

語句を覚えよう！

护照 ウーツォー	パスポート	钞票 ツォーピオー	お金
行李 アンリー	荷物	钥匙 イャッズー	鍵
照相机 ツォーシァンチー	カメラ	旅行支票 リュィーインツーピオー	トラベラーズ チェック
信用卡 シンィヨンカー	クレジット カード	贵重物品 クエゾンヴァッピン	貴重品
车票 ツォーピオー	切符	飞机票 フィーチーピオー	航空券

UNIT 17
CD-17

我 有／没～。

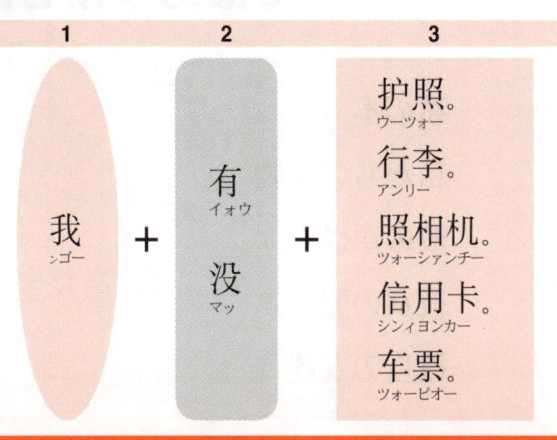

```
    1         2           3
              
              +    有  +   护照。
    我              イォウ      ウーツォー
    ンゴー              没       行李。
                      マッ      アンリー
                              照相机。
                              ツォーシァンチー
                              信用卡。
                              シンィヨンカー
                              车票。
                              ツォーピオー
```

mini 会話

A：私はクレジットカードを持っていますが、使えますか。

我 有 信用卡，可以 用哦？
ンゴー イォウ シンィヨンカー クーイー ィヨンヴァッ

B：こちらでは、クレジットカードは使えないのですが。

耷搭 勿好 用 信用卡格。
ガッタッ ヴァッホー ィヨン シンィヨンカーアッ

Point

「〜を持っている」は動詞 "有" を使いますが、「〜を持っていない」のような否定文の場合は、上海語では "我 没有 〜" と言わず、"我 没 〜" と言います。これも上海語の特徴の1つです。また、「〜を持っていますか」と聞かれた時の「はい」は "有格"（イォウアッ）、「いいえ」は "没格"（マッアッ）です。

UNIT 18
CD-18

■ 所有関係の表現
これは〜です／ではありません。

1	3	2
これは あれは	私の本 私たちの荷物 彼のかばん 彼女の服 彼らの友達	です。 ではありません。

語句を覚えよう！

我格 书 ンゴーアッ スー	私の本	依格 圆珠笔 ノンアッ ユィーツーピェッ	あなたの ボールペン
阿拉格 行李 アッラッアッ アンリー	私たちの荷物	俹格 学堂 ナーアッ オッダン	あなたたち の学校
伊格 包 イーアッ ポー	彼(女)の かばん	依格 物事 ノンアッ マッズー	あなたのもの
伊格 衣裳 イーアッ イーザン	彼(女)の服	我格 物事 ンゴーアッ マッズー	私のもの
伊拉格 朋友 イーラーアッ パンイォウ	彼(女)らの 友達	伊格 手表 イーアッ ソゥピオー	彼(女)の 時計

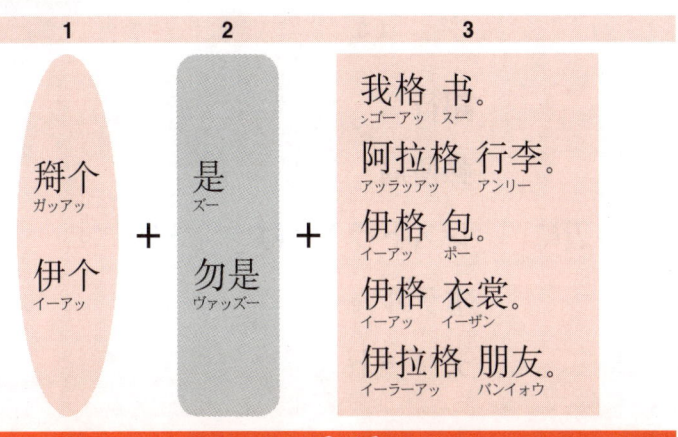

UNIT 18 CD-18 — 箇个 是／勿是 ～。

1	2	3
箇个 ガッアッ / 伊个 イーアッ	+ 是 ズー / 勿是 ヴァッズー +	我格 书。 ンゴーアッ スー 阿拉格 行李。 アッラッアッ アンリー 伊格 包。 イーアッ ボー 伊格 衣裳。 イーアッ イーザン 伊拉格 朋友。 イーラーアッ バンイォウ

mini 会話

A：これは誰のものですか。　　箇个 是 啥人格 物事？
　　　　　　　　　　　　　　ガッアッ ズー サーニンアッ マッズー

B：私のものです。　　　　　　是 我格。
　　　　　　　　　　　　　　ズー ンゴーアッ

A：あれは誰のですか。　　　　伊个 是 啥人格？
　　　　　　　　　　　　　　イーアッ ズー サーニンアッ

B：あれは彼のかばんです。　　伊个 是 伊格 包。
　　　　　　　　　　　　　　イーアッ ズー イーアッ ボー

Point 上海語には日本語の「それ」に当たる言葉はなく、話し手から近いものについては"箇个"、遠いものについては"伊个"が用いられるのが一般的です。「私の本」の「の」は"格"で表します。「本」を省略して、"我格"だけにすると、「私のもの」という意味になります。

UNIT 19 CD-19 ● 場所を尋ねる
この辺に～はありますか。

1	3		2	4
この辺に	銀行 郵便局 レストラン ホテル デパート	は	あります	か。

語句を覚えよう！

銀行 ニンアン	銀行	车站 ツォーゼー	駅
邮局 イォウヂォッ	郵便局	书店 スーティー	本屋
餐厅 ツェーティン	レストラン	药房 イャッヴァン	薬屋
宾馆／饭店 ピンクー　ヴェーティー	ホテル	医院 イーユィー	病院
百货商店 パッフーサンティー	デパート	便利商店 ピーリーサンティー	コンビニ

UNIT 19
CD-19

这搭附近 有 ～哎?

1	2	3	4

这搭附近
ガッタッヴーヂン

＋

有
イォウ

＋

银行
ニンアン

邮局
イォウヂォッ

餐厅
ツェーティン

宾馆
ピンクー

百货商店
バッフーサンティー

＋

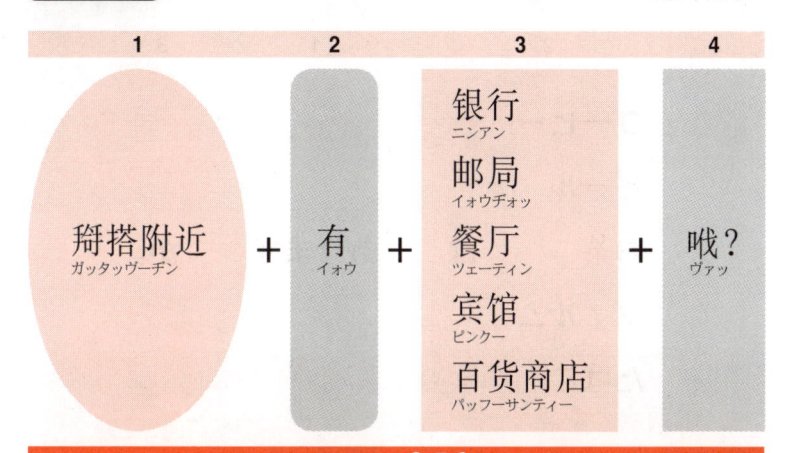

哎?
ヴァッ

mini 会話

A: この辺にレストランはありますか。
这搭附近 有 餐厅哎?
ガッタッヴーヂン イォウ ツェーティンヴァッ

B: 向こうに日本レストランがあります。
伊面 有 一只 日本 餐厅。
イーミー イォウ イェッベー サッペン ツェーティン

A: デパートは?
百货商店呢?
バッフーサンティーナッ

B: この辺にはありません。
这附近 没格。
ガッヴーヂン マッアッ

Point mini 会話の中に、"百货商店呢?"「デパートは?」という文がありますが、この"名詞＋呢?"は、すでに何を尋ねているかはわかっていて、「～はどうなの?」と質問内容を省略して聞く際に、疑問のニュアンスを出すのに用いられます。また、"这搭附近"の"搭"を省略して、"这附近"と言うこともできます。

UNIT 20　CD-20

■ 物の有無を尋ねる
〜はありますか。

2		1	3
コーヒー ビール お茶 フィルム たばこ	は	あります	か。

語句を覚えよう！

咖啡 カーフィー	コーヒー	水 スー	水
啤酒 ピーチォウ	ビール	开水 ケースー	お湯
茶 ゾー	お茶	明信片 ミンシンピー	絵はがき
胶卷 チオーチュィー	フィルム	电池 ディーズー	電池
香烟 シァンイー	たばこ	餐巾纸 ツェーチンツー	ティッシュ

UNIT 20
CD-20

有 ～哦？

```
    1           2              3

              咖啡
              カーフィー
              啤酒
              ビーチォウ
  有    +      茶      +      哦？
  イォウ         ソー              ヴァッ
              胶卷
              チオーチュィー
              香烟
              シャンイー
```

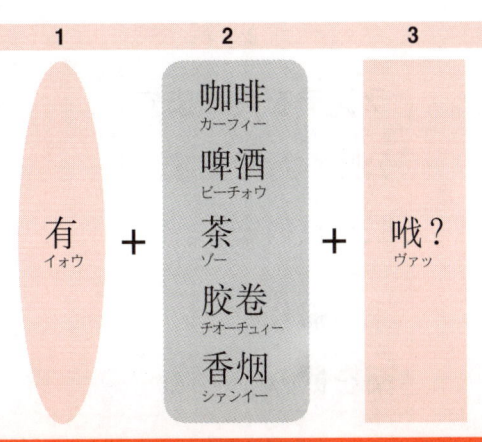

mini 会話

A：コーヒーはありますか。	有 咖啡哦？ イォウ カーフィーヴァッ
B：はい。	有格。 イォウアッ
A：2つください。	请 拨 我 両杯。 チン パッンゴー リャンペー
B：お砂糖は？	要 糖哦？ ィヨー ダンヴァッ
A：いりません。	勿要。 ヴァッィヨー

Point 店などで欲しいものがあるか聞く時は、"倷 有 ～哦?"（ナー イォウ 〜ヴァッ）「あなた方は〜を持っていますか」、"辯搭 有 ～哦?"（ガッタッ イォウ 〜ヴァッ）「ここには〜がありますか」という形もよく使います。答は「はい」なら、"有格"（イォウアッ）、「いいえ」なら、"没格"（マッアッ）と言います。物の有無を尋ねる疑問文には、この他に"有勿有 〜?"（イォウヴァッイォウ）という形もあり、この場合は文末に"哦"はつきません。

UNIT 21　■行動を言う
私は〜します／しました。

1	2	3
私は	ランチを食べます。 公園へ行きます。 服を買います。 ―――― 家へ帰り 薬を飲み	ました。

語句を覚えよう！

吃 中饭 チェッ ツォンヴェー	ランチを 食べる	吃 啤酒 チェッ ピーチォウ	ビールを飲む
去 公园 チー コンユィー	公園へ行く	上班 サンペー	出勤する
买 衣裳 マー イーザン	服を買う	学习 オッジェッ	勉強をする
回 屋里 ウエー オッリー	家へ帰る	听 音乐 ティン インイャッ	音楽を聞く
吃 药 チェッ イャッ	薬を飲む	看 电视 クー ディーズー	テレビを見る

UNIT 21
CD-21

我 〜／了。

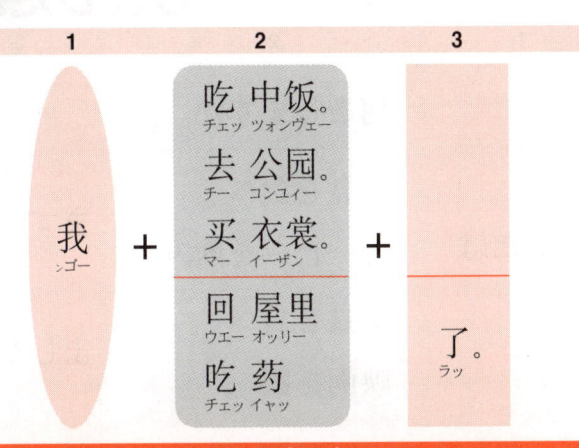

1	2	3
我 ンゴー	吃 中饭。 チェッ ツォンヴェー 去 公园。 チー コンユィー 买 衣裳。 マー イーザン 回 屋里 ウエー オッリー 吃 药 チェッ イヤッ	了。 ラッ

mini 会話

A：これからどうしますか。	侬 接下来 做啥？ _{ノン チェッオーレー ツーサー}
B：私はランチを食べます。	我 吃 中饭。 _{ンゴー チェッ ツォンヴェー}
A：昨日は何をしましたか。	昨日 做啥了？ _{ソッニェッ ツーサーラッ}
B：公園に行きました。	去 公园了。 _{チー コンユィーラッ}

Point 中国語は時制を持たない言語なので、単純に過去を表すとは言えませんが、"去 公园了"「公園に行った」、"买 衣裳了"「服を買った」のように文末に置かれた"了"は、(過去に) ある出来事が起こったことを確認する語気を含みます。また"了"は、"八点钟了"(パッティーツォンラッ)「8時になった」のように、名詞の後にも置くことができます。ただ、上海語の"了"の用法はとても複雑で、数種類の意味があります。とりあえずこのUNITでは、文末の"了"はある出来事が過去に起こったことを表すものだと覚えておきましょう。

UNIT 22 CD-22

行動を尋ねる
あなたは〜をしますか／しましたか。

1	2	3
あなたは	何をしますか。 朝食を食べ コーヒーを飲み 夕食を食べ 映画を観	ますか。 ましたか。

語句を覚えよう！

做 啥 ツー サー	何をする	看 报纸 クー ポーツー	新聞を読む
吃 早饭 チェッ ツォーヴェー	朝食を食べる	看 电视 クー ディーズー	テレビを見る
吃 咖啡 チェッ カーフェイー	コーヒーを飲む	去 学堂 チー オッダン	学校へ行く
吃 夜饭 チェッ ィヤーヴェー	夕食を食べる	去 公司 チー コンスー	会社へ行く
看 电影 クー ディーイン	映画を観る	去 散步 チー セーブー	散歩に行く

UNIT 22
CD-22

侬 ～哦／了哦？

1	2	3

侬
ノン

＋

做 啥？
ツー サー

吃 早饭
チェッ ツォーヴェー

吃 咖啡
チェッ カーフェィー

吃 夜饭
チェッ イヤーヴェー

看 电影
クー ディーイン

＋

哦？
ヴァッ

了哦？
ラッヴァッ

mini 会話

A：午後は何をしますか。　　侬 下半天 做 啥？
　　　　　　　　　　　　　ノン オープーティー ツー サー

B：映画を観に行きます。　　去 看 电影。
　　　　　　　　　　　　　チー クー ディーイン

A：映画の後は？　　　　　　葛么 看好 电影呢？
　　　　　　　　　　　　　カッマッ クーホー ディーインナッ

B：友達と一緒に夕食を食べます。　搭 朋友 一道 吃 夜饭。
　　　　　　　　　　　　　　　　タッ パンイオウ イェッドー チェッ イヤーヴェー

Point "侬 ～哦?" という文型は、相手の現在あるいはこれからの予定を尋ねる時に使い、"侬 ～了哦?" は「～をしましたか」と過去のことを聞く時に使います。行動を尋ねる疑問文には "侬＋動詞＋哦?" の他に、"侬＋動詞＋勿＋動詞 ～?" という形もあります。例えば、"侬 看勿看 电影?"（ノン クーヴァックー ディーイン）「あなたは映画を観ますか」というようになります。

UNIT 23 CD-23 ● 習慣・趣味について
私は〜はしません。

| 1 | 3 | 2 |

私は | お酒は飲み / たばこは吸い / ゴルフはし / 麻雀はし / 競馬はし | ません。

語句を覚えよう！

吃 酒 チェッ チォウ	お酒を飲む	打 棒球 タン バンチォウ	野球をする
吃 香烟 チェッ シァンイー	たばこを吸う	踢 足球 ティエッ ツォッチォウ	サッカーをする
打 高尔夫球 タン コーアルフーチォウ	ゴルフをする	去 徒歩旅行 チー ドゥーブーリュィーイン	ハイキングに行く
搓 麻将 ツォー モーチァン	麻雀をする	游泳 イォウィヨン	水泳をする
赌 赛马 トゥー セーモー	競馬をする	爬山 ボー セー	登山をする

UNIT 23
CD-23

我 勿 〜。

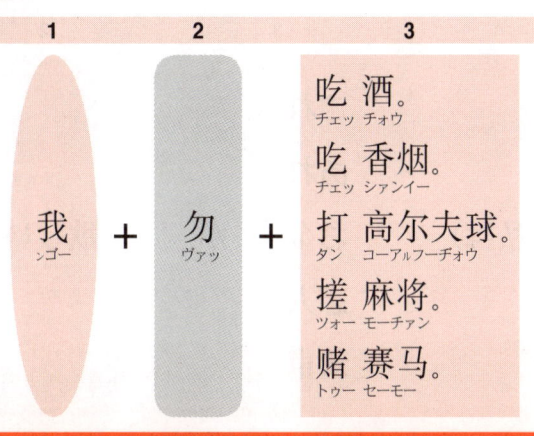

1	2	3
我 ンゴー	勿 ヴァッ	吃 酒。 チェッ チォウ 吃 香烟。 チェッ シァンイー 打 高尔夫球。 タン コーアルフーチォウ 搓 麻将。 ツォー モーチァン 赌 赛马。 トゥー セーモー

mini 会話

A：お酒は飲みますか。　　侬 吃 酒 哦？
　　　　　　　　　　　　ノン チェッ チォウヴァッ

B：いいえ、私はお酒は飲み　我 勿 吃 酒。侬 呢？
　　ません。あなたは？　　ンゴー ヴァッ チェッ チォウ　ノンナッ

A：私はお酒もたばこもやり　我 勿 吃 酒 也 勿 吃 烟。
　　ません。　　　　　　　ンゴー ヴァッ チェッ チォウ アー ヴァッ チェッ イー

Point "我 勿 〜" には2つの意味があります。1つは本文のように「〜をする習慣がない」という意味です。もう1つは「〜をしたくない」というように、自分の意志を表す時に使います。ですから "我 勿 吃 酒"（ンゴー ヴァッ チェッ チォウ）には、「私はお酒を飲む習慣がない」と「私は今お酒を飲みたくない」という2つの意味があります。

UNIT 24 / CD-24

■ 欲しい時の表現

（私は）～が欲しい。

1	3		2
（私は）	これ あれ お金 恋人 新車	が	欲しい。

語句を覚えよう！

辦个 ガッアッ	これ	联系 リーシー	連絡
伊个 イーアッ	あれ	复印 フォッイン	コピー
钞票 ツォーピオー	お金	懂 日语格 人 トン サッニュィーアッ ニン	日本語が わかる人
男朋友/女朋友 ヌーパンイォウ ニュィーパンイォウ	恋人（男/女）	翻译 フェーイェッ	通訳
新 车子 シン ツォーツー	新車	菜单 ツェーテー	メニュー

UNIT 24 | 我 想要 ～。
CD-24

1	2	3

我
ンゴー

+

想要
シァンィヨー

+

鵝个。
ガッアッ

伊个。
イーアッ

钞票。
ツォーピオー

男朋友／女朋友。
ヌーパンイォウ　ニュィーパンイォウ

新 车子。
シン　ツォーツー

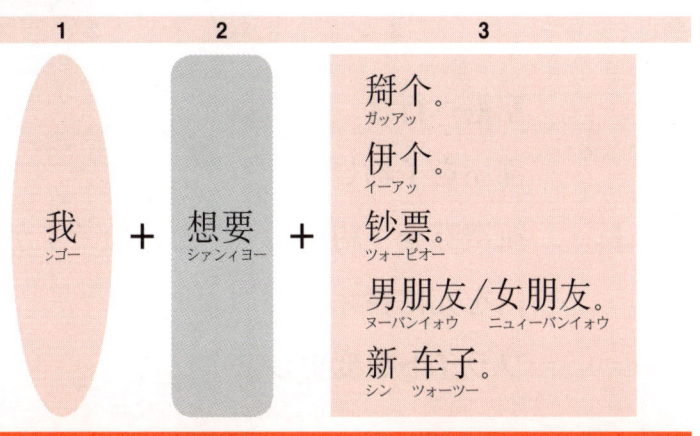

mini 会話

A：これが欲しいのですが。いくら？　　我 想要 鵝个。几钿？
　　　　　　　　　　　　　　　　　　ンゴー シァンィヨー ガッアッ　チーディー

B：500元です。　　　　　　　　　　　五百块。
　　　　　　　　　　　　　　　　　　ンーパックエー

A：新しい車が欲しいな。　　　　　　我 想要 一部 新 车子。
　　　　　　　　　　　　　　　　　ンゴー シァンィヨー イェップー シン ツォーツー

B：どんな車種が欲しいの？　　　　　侬 想要 哪能 样子格 车子？
　　　　　　　　　　　　　　　　　ノン シァンィヨー ナーネン イヤンツーアッ ツォーツー

Point "我 想要 ～"の"想"と"要"はそれぞれ単独でも「～したい」と希望を伝える時に用いられますが（UNIT25 参照）、"想要"と２つ一緒になると、後ろに来るのは主に事物を表す語（名詞）となり、動作を表す言葉が続くことはあまりありません。

UNIT 25　希望を伝える（1）
CD-25

私は〜をしたいのですが。

1	3	2
私は	空港へ行き 部屋を予約し 航空券を予約し 円を元に替え フライトを変更し	たいのですが。

語句を覚えよう！

机场 チーザン	空港	去 チー	行く
房间 ヴァンケー	部屋	预订 ユィーディン	予約する
飞机票 フィーチーピオー	航空券	拿A換成B ネー　ウーゼン	AをBに換える
日元／日币 サッユィー　サッピー	円	換 ウー	換える
航班 アンペー	フライト	做 ツー	する

UNIT 25
CD-25

我 想 ～。

1	2	3
我 ンゴー	想 シァン	去 机场。 チー チーザン 预订 房间。 ユィーディン ヴァンケー 预订 飞机票。 ユィーディン フィーチーピオー 拿 日元 换成 人民币。 ネー サッユィー ウーゼン ゼンミンビー 换 航班。 ウー アンベー

mini 会話

A: すみません。空港へ行きたいのですが。

对勿起，我 想 去 机场。
テーヴァッチー ンゴー シァン チー チーザン

B: それでしたら、タクシーが便利ですよ。

搿能格 闲话，乘 出租车
ガッネンアッ エーオー ツェン ツァッツーツォー
最 便当了。
ツー ピータンラッ

Point　「～したくない」と言う時は、"我 勿想 乘 飞机"（ンゴー ヴァッシァン ツェン フィーチー）「私は飛行機に乗りたくない」のように"勿"で否定します。希望を伝える表現には、他に"要"（ィヨー）、"希望"（シーゥワン）がありますが、"要"は"想"に比べて、より強い意志や必要性を表すのに用いられ、"希望"は文字通り希望や望みを表すのに用いられます。

UNIT 26
CD-26

■ 希望を伝える（２）
あなたに～して欲しいです。

1	3	4	2
（私は）	あなたに 彼に	ここに来て 手伝って 電話をして タクシーを呼んで ご飯をつくって	欲しいです。

語句を覚えよう！

来 レー	来る	搬 行李 プー アンリー	荷物を運ぶ
帮 忙 パン マン	手伝う	叫 医生 チオー イーサン	医者を呼ぶ
打 电话 タン ディーオー	電話をする	发 电子邮件 ファッ ディーツーイォウチー	Eメールを送る
叫 出租车 チオー ツァッツーツォー	タクシーを呼ぶ	发 传真 ファッ ツーツェン	ファックスを送る
烧 饭 ソー ペー	ご飯をつくる	做 翻译 ツー フェーイェッ	通訳をする

UNIT 26
CD-26

我想请侬～。

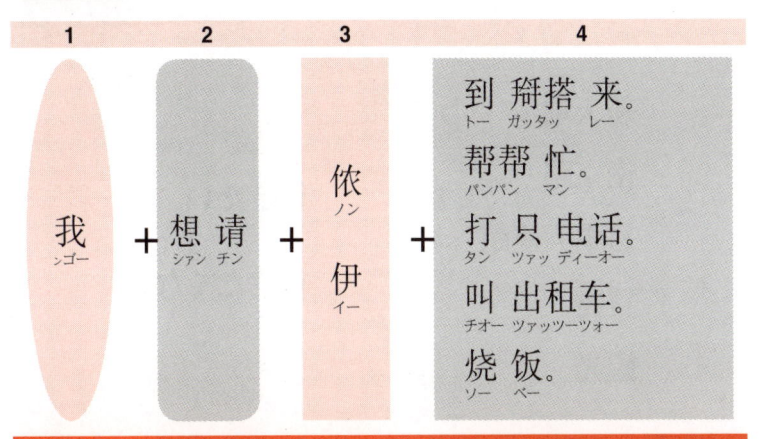

1	2	3	4
我 ンゴー	想请 シァンチン	侬 ノン / 伊 イー	到辆搭来。トー ガッタッ レー 帮帮忙。パンパン マン 打只电话。タン ツァッ ディーオー 叫出租车。チオー ツァッツーツォー 烧饭。ソー ベー

mini 会話

A：タクシーを呼んで欲しいのですが。

我想请侬叫出租车。
ンゴー シァンチン ノン チオー ツァッツーツォー

B：わかりました。ロビーで待っていてください。

晓得了，请勒大厅等一歇。
シオータッラッ チン ラッ ダーティン テン イェッシェッ

Point "请"はもともと「人に～を頼む、お願いする」という意味なので、相手に何かをして欲しい時に使います。"请"の後ろには"我想请侬～""我想请伊～"のように、一般的に頼む相手が来ます。また、人にお願いする時、"帮帮忙"のように動詞を2つ重ねると、丁寧な表現になります。

67

UNIT 27 CD-27 ■行き先の表現
～に行きたい／行きたくない。

2	1
新天地（シンテンチ） 南京路（ナンキンロ） 日本大使館　に 買物 観光	行きたい。 行きたくない。

語句を覚えよう！

新天地 シンティーディー	新天地 (上海の新しい地名)	百货商店 バッフーサンティー	デパート
南京路 ヌーチンルー	南京路 (上海の繁華街)	派出所 パーツァッスー	交番
日本大使馆 サッペンダースークー	日本大使館	眼镜店 ンゲーチンティー	眼鏡店
买 物事 マー　マッズー	買物(をする)	药房 イャッヴァン	薬局
观光 クークァン	観光	食品商店 サッピンサンティー	食品店

UNIT 27 / CD-27

想去／勿想去～。

1

想 去
シァン チー

勿 想 去
ヴァッ シァン チー

＋

2

新天地。
シンティーディー

南京路。
ヌーチンルー

日本大使馆。
サッペンダースークー

买 物事。
マー マッズー

观光。
クークァン

mini 会話

A：どこに行きたいですか。	想 去 啥地方？ シァン チー サーディーファン
B：南京路へ行きたいです。	想 去 南京路。 シァン チー ヌーチンルー
A：私はデパートに買物に行きたいです。	我 想 去 百货商店 买 物事。 ンゴー シァンチー パッフーサンティ マー マッズー
B：では、一緒に行きましょう。	葛么，阿拉 一道 去哦。 カッマッ アッラッ イェッドー チーヴァッ

Point　"想 去" の後に場所を表す語が続くと、「〜に行きたい」という意味になりますが、動作を表す語を続けて「〜をしに行きたい」という表現をつくることもできます。この場合、日本語は「買物に＋行きたい」ですが、上海語では "想 去 买 物事"（シァン チー マー マッズー）「行きたい＋買い物に」と、語順が逆になるので注意しましょう。

UNIT 28　行く手段の表現
CD-28
〜で行きたい／行きたくない。

| 2 | | 3 | 1 |

車
タクシー
バス　で　行き　たい。
汽車　　　　　　たくない。
一人

語句を覚えよう！

车子／轿车 ツォーツー　チオーツォー	自動車 (車の総称／乗用車)	开 车子 ケー ツォーツー	車を運転する
出租车／叉头 ツァッツーツォー　ツァードォウ	タクシー	乘 ツェン	(乗り物に)乗る
公共汽车 コンゴンチーツォー	バス	一道 イェッドー	一緒に
火车 フーツォー	汽車	随后 ズーオゥ	後で
一个人 イェッアッニン	一人で	先 シー	先に

UNIT 28
CD-28

想／勿想 ～ 去。

1	2	3
想 シアン 勿想 ヴァッシアン	＋	开 车子 ケー ツォーツー 乘 出租车 ツェン ツァッツーツォー 乘 公共汽车 ツェン コンゴンチーツォー 乘 火车 ツェン フーツォー 一个人 イェッアッニン	＋	去。 チー

mini 会話

A：どうやって行きますか。　　哪能 去呢？
　　　　　　　　　　　　　　ナーネン　チーナッ

B：バスで行きたいです。　　　想 乗 公共汽车 去。
　　　　　　　　　　　　　　シアン ツェン コンゴンチーツォー チー

Point　「乗り物で（行く）」と言う場合、日本語なら「タクシーで」「車で」だけで意味が通じますが、上海語では必ず「（タクシー・車に）乗って」という動詞 "乗" が必要となります。ほとんどの乗り物にはこの "乗" が使われますが、「自転車に乗る」は "踏（ダッ）" を使って、"踏 脚踏车"（ダッチェッダッツォー）、「オートバイに乗る」は "骑"（チー）を使って "骑 摩托车"（チー モートォッツォー）と言います。

UNIT 29 CD-29
●行き先の聞き方
この～は…行きですか。

1		3	2	4

| このバス
この汽車
このトロリーバス
この飛行機 | は | 蘇州(ソシュウ)
無錫(ムシャク)
豫園(ヨエン)
上海(シャンハイ) | 行き | ですか。 |
| この船 | | どこ | | |

語句を覚えよう！

公共汽车 コンゴンチーツォー	バス	苏州 スーツォウ	蘇州
火车 フーツォー	汽車	无锡 ウーシェッ	無錫
电车 ディーツォー	トロリーバス	城隍庙 ゼンゥワンミオー	豫園
飞机 フィーチー	飛行機	上海 サンヘー	上海
船 ズー	船	杭州 アンツォウ	杭州

UNIT 29
CD-29

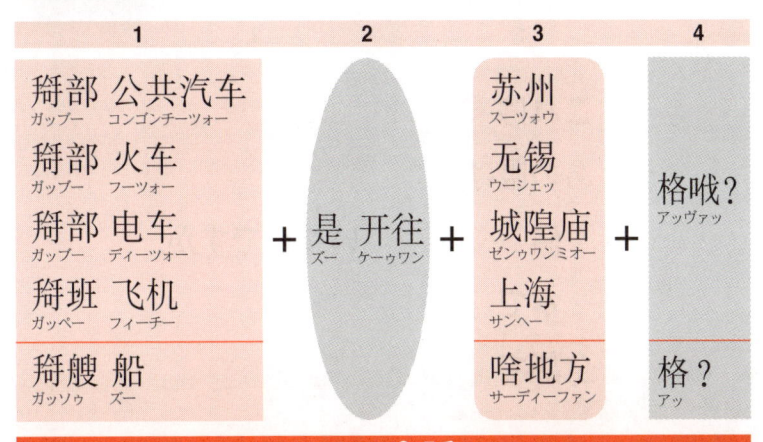

朆~ 是开往 …格哦？

	1	2	3	4
	朆部 公共汽车 ガッブー コンゴンチーツォー		苏州 スーツォウ	
	朆部 火车 ガッブー フーツォー		无锡 ウーシェッ	格哦？ アッヴァッ
	朆部 电车 ガッブー ディーツォー	+ 是 开往 + ズー ケーゥワン	城隍庙 ゼンゥヴミーオー	+
	朆班 飞机 ガッベー フィーチー		上海 サンヘー	
	朆艘 船 ガッソゥ ズー		啥地方 サーディーファン	格？ アッ

mini 会話

A：この長距離バスは上海行き
ですか。

朆部 长途 汽车 是 开往
ガッブー ザンドゥー チーツォー ズー ケーゥワン
上海格哦？
サンヘーアッヴァッ

B：違います。杭州(コウシュウ)行きです。

勿是格，是 开往 杭州格。
ヴァッズーアッ ズー ケーゥワン アンソゥアッ

Point "电车"には日本語と同じ「電車」という意味もありますが、上海語では"无轨 电车"（ウークエー ディーツォー）「トロリーバス」の略語として用いられる場合がほとんどです。日本語の「電車」に相当する概念はあまり一般的ではなく、距離や形態によって"火车"（フーツォー）「本来は"汽车"ですが、"長距離列車"を総称することもあります」、"地铁"（ディーティエッ）「地下鉄」などと言うのが普通です。

UNIT 30
CD-30

● 値段を聞く

～はいくらですか。

1	2
これは あの服は 1個 2本で 全部で	いくらですか。

語句を覚えよう！

辮个 ガァアッ	これ	貴 チュィー	高い
伊件 衣裳 イーヂー イーザン	あの服	便宜 ビーニー	安い
一只 イェッツアッ	1個	再 便宜 一眼 ツェー ビーニー イェッゲー	もっと安くして
两支 リァンツー	2本	好 ホー	OK
一共 イェッゴン	全部	葛么、勦伊 カッマッ ヴィヨーイー	じゃあ、いいです（いらない）

UNIT 30
～几钿？

CD-30

1	2
瓣个 ガッアッ 伊件 イーデー　衣裳 イーザン 一只 イェッツァッ 两支 リャンツー 一共 イェッゴン	＋ 几钿？ チーディー

mini 会話

A：これはいくら？　　　　瓣个 几钿？
　　　　　　　　　　　　　ガッアッ　チーディー

B：2,000元です。　　　　两千块。
　　　　　　　　　　　　　リャンチークエー

A：高い！ もっと安くして。忒 贵了！ 再 便宜 一眼。
　　　　　　　　　　　　　タッ チュィーラッ　ツェー ピーニー イェッゴー

Point

「1ついくらですか」には、"几钿 一只？"（チーディー イェッツァッ）のように、後ろに"一只"などの数量を持ってくる言い方もあります。また、中国で買い物をする際、"斤"（チン）という単位をよく耳にしますが、"一斤"は中国の伝統的な重さの単位で500gを意味し、生鮮食品などは今でもこの単位で売られていることが多いようです。

UNIT 31 CD-31 ●値段の交渉
まけてくれませんか。

2+4 / **3** / **1**

| もっと
少し
三千元
半額に
２割引に | まけて | くれませんか。 |

語句を覚えよう！

再 〜 一眼 _{ツェー　イェッンゲー}	もっと	打 九折 _{タン　チオウツァッ}	１割引
一点／一眼 _{イェッティー　イェッンゲー}	少し	打 七折 _{タン　チェッツァッ}	３割引
三千块 _{セーチークエー}	3,000 元	减价 _{ケーカー}	値引き
一半 _{イェップー}	半分	没 钞票 _{マッ ツォーピオー}	お金がない
打 八折 _{タン パッツァッ}	２割引	讨价还价 _{トーカーウエーカー}	値引き交渉

UNIT 31
CD-31

好勿好 便宜〜？

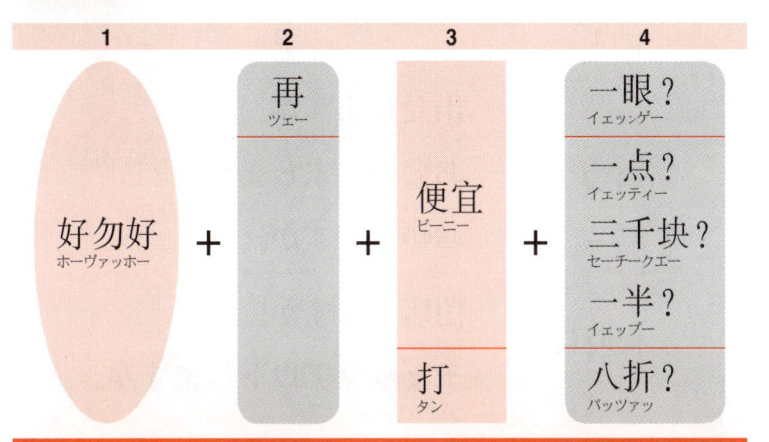

1	2	3	4
			一眼？ イェッンゲー
	再 ツェー		一点？ イェッティー
好勿好 ホーヴァッホー	＋	便宜 ビーニー ＋	三千块？ セーチークエー
			一半？ イェップー
		打 タン	八折？ パッツァッ

mini 会話

A：これはいくらですか。　　辦个 几钿？
　　　　　　　　　　　　　ガッアッ チーディー
B：3,000元です。　　　　　三千块。
　　　　　　　　　　　　　セーチークエー
A：もっとまけてくれませんか。好勿好 再 便宜 一眼？
　　　　　　　　　　　　　ホーヴァッホー ツェー ビーニー イェッンゲー
B：2,000元ではどうですか。　两千块 哪能啊？
　　　　　　　　　　　　　リァンチークエー ナーネンアー
A：OKです。　　　　　　　好格。
　　　　　　　　　　　　　ホーアッ

Point 店先などによく"八折"（パッツァッ）と書かれているのは、日本語で言う「八掛け（2割引）」の意味です。同じく1割引は"九折"（チォウツァッ）、3割引は"七折"（チェッツァッ）となり、日本語と逆に割り引いた残りの率を提示するので、注意が必要です。この表現は会話でも用いられ、"我 搭依 打 八折哦"（ンゴー タッノン タン パッツァッヴァッ）「2割引いてあげましょう」などと言います。

UNIT 32 CD-32
■ 日時を聞く
いつ／何時に～しますか。

1	2
いつ	出発しますか。 お会いしましょうか。 お帰りですか。
何時に	閉店しますか。 チェックアウトしますか。

語句を覚えよう！

出发 ツァッファッ	出発する	回国 ウエーコッ	帰国する
见面 チーミー	会う	打 电话 タン ディーオー	電話する
回去 ウエーチー	帰る	出门 ツァッメン	出掛ける
关门 クエメン	閉店	开门 ケーメン	開店
结帐 チェッツァン	チェックアウト 勘定する	住宿 登记 ズーソッ テンチー	チェックイン

UNIT 32
CD-32

啥辰光/几点钟 ～？

1	2
啥辰光 サーゼンクァン ＋ 几点钟 チーティーツォン	出发？ ツァッファッ 见面？ チーミー 回去？ ウエーチー 关门？ クエメン 结账？ チェッツァン

mini 会話

A：いつ出発しますか。　　　　　啥辰光 出发？
　　　　　　　　　　　　　　　サーゼンクァン ツァッファッ

B：明日の朝10時のフライトです。明朝 上半天 十点钟格 航班。
　　　　　　　　　　　　　　　ミンツォー サンプーティー サッティーツォンアッ アンペー

A：お店は何時に閉店しますか。　商店 几点钟 关门？
　　　　　　　　　　　　　　　サンティー チーティーツォン クエメン

B：夜の10時です。　　　　　　夜头 十点钟。
　　　　　　　　　　　　　　　ィヤードウ サッティーツォン

Point　「いつ～？」という質問は、上海語では"啥辰光"（サーゼンクァン）を使いますが、具体的に「何月何日ですか」と聞く時は"几月 几号？"（チーイョッ チーオー）、「何曜日ですか」は"礼拜几？"（リーパーチー）、「何時ですか」は"几点钟？"（チーティーツォン）というように、それぞれ"几"（チー）「いくつ」を用いて尋ねます。

UNIT 33　場所を聞く
〜はどこですか。

	1	2
	トイレ 食堂 タクシー乗り場 入口 案内所　は	どこですか。

語句を覚えよう！

卫生间／厕所 ウエーセンケー　ツースー	トイレ	售票处 ゾゥピオーツー	切符売場
食堂 サッダン	食堂	登机口 テンチーコゥ	搭乗ゲート
出租车站 ツァッツーツォーゼー	タクシー乗り場	公共汽车站 コンゴンチーツォーゼー	バス乗り場
进口 チンコゥ	入口	出口 ツァッコゥ	出口
问讯处 ヴェンシュィンツー	案内所	兑换处 テーウーツー	両替所

UNIT 33
CD-33
〜勒 啥地方？

1

卫生间
ウエーセンケー

食堂
サッダン

出租车站
ツァッツーツォーゼー

进口
チンコウ

问讯处
ヴェンシュィンツー

+

2

勒 啥地方？
ラッ サーディーファン

mini 会話

A：トイレはどこですか。　　　卫生间 勒 啥地方？
　　　　　　　　　　　　　　ウエーセンケー ラッ サーディーファン

B：あちらです。　　　　　　　勒 伊面。
　　　　　　　　　　　　　　ラッ イーミー

- -

A：バス乗り場はどこですか。　公共汽车站 勒 啥地方？
　　　　　　　　　　　　　　コンゴンチーツォーゼー ラッ サーディーファン

B：こちらです。　　　　　　　勒 辣搭。
　　　　　　　　　　　　　　ラッ ガッタッ

Point "〜勒 啥地方？"（ラッ サーディーファン）「〜はどこですか」と聞かれた時は、「どこ」の答を"啥地方"の場所に置けばよく、質問も回答も語順は変わりません。"勒 啥地方？"は"勒勒 啥地方？"と言うこともあります。なお、見知らぬ人に声をかけて尋ねる時は、質問の前に"请问"（チンメン）「お尋ねしますが」をつけ加えると丁寧な聞き方になります。

81

UNIT 34 CD-34
数を聞く
～は(数が)どれくらいですか。

1	3	2
お子さんは 兄弟は	何人	いますか。
人口は	どれくらい	
荷物は 全部で	いくつ	ですか。

語句を覚えよう！

小人 シオーニン	子ども	～个人 アッニン	～人
兄弟 シォンディー 姐妹 チアーメー	兄弟 姉妹	一只 イェッツァッ	1個
人口 ニンコゥ	人口	两个人 リァンアッニン	2人
行李 アンリー	荷物	三位 セーウエー	3名
全部 チューブー	全部	四张／四件 スーツァン スーチー	4枚 (紙など／衣服など)

UNIT 34
CD-34

～ 有 几个/多少/几只?

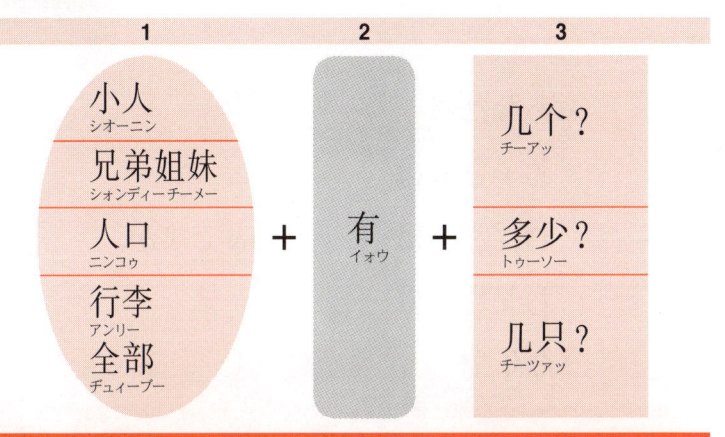

1	2	3
小人 (シオーニン) 兄弟姐妹 (シォンディーチーメー) 人口 (ニンコゥ) 行李 (アンリー) 全部 (デュイーブー)	＋ 有 (イォウ) ＋	几个? (チーアッ) 多少? (トゥーソー) 几只? (チーツァッ)

mini 会話

A：お子さんは何人ですか。　　　小人 有 几个?
　　　　　　　　　　　　　　　シオーニン イォウ チーアッ
B：5人です。　　　　　　　　　五个人。
　　　　　　　　　　　　　　　ンーアッニン
A：中国の人口は何人ですか。　　中国 有 多少 人口?
　　　　　　　　　　　　　　　ツォンコッ イォウ トゥーソー ニンコゥ
B：13億人です。　　　　　　　　有 十三亿人。
　　　　　　　　　　　　　　　イォウ サッセーイェッニン
A：うぁ～、すごい。　　　　　　啊! 介 多啊。
　　　　　　　　　　　　　　　アー　カー トゥーアー

Point　"兄弟(姐妹) 有 几个?"(シォンディー(チアーメー) イォウ チーアッ)のように、答が1桁と想定される時と、"人口 有 多少?"(ニンコゥ イォウ トゥーソー)のように多い数が想定される時とでは質問の形が異なり、前者は"几个"、後者は"多少"を用いて尋ねます。また、物を数える時に用いる語(量詞)は非常に数が多く、覚えるのもなかなか大変ですが、どうしてもわからない時は最もよく使われる"只"「～個」を使っておくといいでしょう。

UNIT 35　■年齢を聞く
〜は何歳ですか。

CD-35

1	2
あなたは お子さまは お孫さんは お父さまは 今年で	何歳ですか。

語句を覚えよう！

侬 ノン	あなた（の）	〜岁 スー	〜歳
小人 シオーニン	子ども	阿爷 アッイヤー	（父方の）祖父
孙子／孙囡 センツー　センヌー	孫 (男の子／女の子)	阿娘 アッニァン	（母方の）祖母
爸爸 パーパー	父	姆妈 ムーマー	母
今年 チンニー	今年	年龄 ニーリン	年齢

UNIT 35 ～ 几岁了？
CD-35

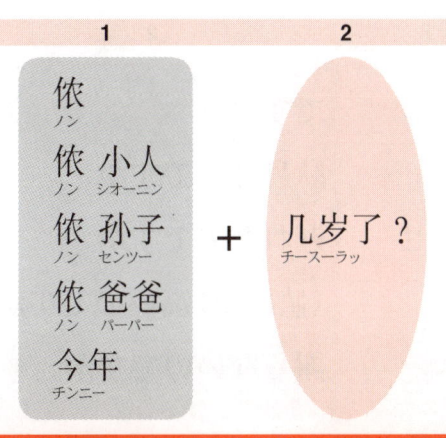

1	2
侬 (ノン) 侬 小人 (ノン シオーニン) 侬 孙子 (ノン センツー) 侬 爸爸 (ノン パーパー) 今年 (チンニー)	＋ 几岁了？(チースーラッ)

mini 会話

A：お子さまは何歳ですか。　　侬 小人 几岁了？
　　　　　　　　　　　　　　　ノン シオーニン チースーラッ

B：15歳と7歳です。　　　　　一个 十五岁，一个 七岁。
　　　　　　　　　　　　　　　イェッアッ サッンースー　イェッアッ チェッスー

A：あなたは何歳ですか。　　　葛么，侬 几岁了？
　　　　　　　　　　　　　　　カッマッ　　ノン チースーラッ

B：40歳です。　　　　　　　　我 四十岁了。
　　　　　　　　　　　　　　　ンゴー スーザッスーラッ

A：お若く見えますね。　　　　侬 看上去 老 年轻格。
　　　　　　　　　　　　　　　ノン クーザンチー ロー ニーチンアッ

Point "几岁了？"（チースーラッ）の文末の"了"は「(～歳に)なった」というニュアンスを表します。子ども、若い人、同じ年代の人には"侬 几岁了？"（ノン チースーラッ）で年齢を尋ねますが、お年寄りには"侬 多少 年纪了？"（ノン トゥーソー ニーチーラッ）「おいくつになられたのですか」と尋ねた方がより礼儀正しくなります。

UNIT 36 — 理由を聞く
なぜ〜ですか。

1	2
なぜ	ですか。 駄目なのですか。 遅れたのですか。 (値段が)高いのですか。 謝らないのですか。

語句を覚えよう！

勿来三 ヴァッレーセー	駄目	矞能 讲 ガッネン カン	そう言う
来晏／迟到 レーエー　ズートー	遅れる	笑 シオー	笑う
贵／高价 チュィー　コーカー	(値段が)高い	拒绝 デュィージェッ	断る
道歉 ドーチー	謝る	生气 サンチー	怒る
矞能 想 ガッネン シァン	そう考える	隐瞒 インムー	隠す

UNIT 36
CD-36

为啥 ～？

1　**2**

为啥
ウエーサー
＋
?
勿来三呢？
ヴァッレーセーナッ
来晏了？
レーエーラッ
介 贵呢？
カー チュィーナッ
勿 道歉呢？
ヴァッ ドーチーナッ

mini 会話

A：このシルクのシャツは5,000元です。　辨件 真丝衬衫 五千块。
ガッヂー ツェンスーツェンセー ノーチークエー

B：なぜ、そんなに高いのですか。　为啥 介 贵呢？
ウエーサー カー チュィーナッ

A：輸入品で高級なんです。　因为 是 进口格 高级货。
インウエ ズー チンコゥアッ コーチェッフー

B：それなら、いりません。　葛么 勿要了。
カッマッ ヴァッィヨーラッ

Point　上海語では、単純に理由を聞く時は"为啥"（ウエーサー）を使いますが、強く問いただしたい時に語気を強調する場合は、"哪能"（ナーネン）を使います。例えば"侬 哪能 加 晏 来啦？"（ノン ナーネン カー エー レーラー）「あなたは一体どうして遅れたのですか」のように、「なぜ～なのだ」という詰問の語気を含みます。またこの"哪能"は、"伊 哪能 勿来啦？"（イー ナーネン ヴァッレーラ）「なぜ彼は来ないのだ？」のように、否定の文に多く用いられます。

UNIT 37　●時間・料金の程度を聞く
どのくらいかかりますか。

1	2	4	3
ここから駅まで	タクシーで	どのくらい（時間が）	かかりますか。
東京から上海(シャンハイ)まで	飛行機で		
ホテルからお店まで	歩いて		
市内から空港まで	リムジンバスで	どのくらい（料金が）	
上海から香港(ホンコン)まで	列車で		

語句を覚えよう！

车站 ツォーゼー	駅	出租车／叉头 ツァッツォーツォー　ツァードォウ	タクシー
上海 サンヘー	上海(シャンハイ)	飞机 フィーチー	飛行機
宾馆／饭店 ビンクー　ヴェーティー	ホテル	走得去 ツォウタッチー	歩いて
机场 チーザン	空港	班车 ペーツォー	リムジンバス
火车 フーツォー	列車	辰光 ゼンクァン	時間

UNIT 37 CD-37

～需要 多少 辰光/几钿?

1	2	3	4
从 垍塔 到 车站 ゾン ガッタッ トー ツォーゼー	乘 出租车 ツェン ツァッツーツオー		
从 东京 到 上海 ゾン トンチン トー サンヘー	乘 飞机 ツェン フィーチー		多少 辰光? トゥーソー ゼンクァン
从 宾馆 到 商店 ゾン ピンクー トー サンティー +	走得去 ツォウタッチー +	需要 + シュィーィヨー	
从 市内 到 机场 ゾン ズーネー トー チーザン	乘 班车 ツェン ペーツォー		几钿? チーディー
从 上海 到 香港 ゾン サンヘー トー シャンカン	乘 火车 ツェン フーツォー		

mini 会話

A：ここから空港までどのくらいかかりますか。
从 垍搭 到 机场 需要 多少 辰光?
ゾン ガッタッ トー チーザン シュィーィヨー トゥーソー ゼンクァン

B：約1時間です。
大概 要 一个 钟头。
ダーケー イョー イェッアッ ツォンドォウ

A：タクシーだったらどれくらい料金がかかりますか。
乘 出租车 需要 几钿?
ツェン ツァッツーツオー シュィーィヨー チーディー

B：約20元です。
廿块 左右哦。
ニエークエー ツォイォウヴァッ

> **Point** "多少"(トゥーソー)は形容詞と組み合わせて「どれくらい～?」という疑問文をつくることができます。例えば"多少 远"(トゥーソー ユィー)「どれくらいの距離」、"多少 高"(トゥーソー コー)「どれくらいの高さ」、"多少 大"(トゥーソー ドゥー)「どれくらいの大きさ」などです。なお、この場合"多少"の後ろに置かれるのは、"远"「遠さ」"高"「高さ」"大"「大きさ」などのプラス方向の意味を持つ語で、"近""低""小"などが続くことはありません。

89

UNIT 38 CD-38

● 時間の程度を聞く
どのくらいになりますか。

1	2	3
フライトは 歩いて	どのくらい	時間が かかりますか。
上海に滞在して ここに来て 上海語を勉強して	どのくらいに	なりますか。

語句を覚えよう！

飞行 フィーイン	フライト	辰光 ゼンクァン	時間
走 ツォウ	歩く	几分钟 チーフェンツォン	数分
蹲 テン	滞在する	三十分钟 セーザッフェツォン	30分
来 レー	来る	一个 钟头 イェッアッ ツォンドォウ	1時間
上海闲话 サンヘーエーオー	上海語	半年 プーニー	半年

UNIT 38　～多少 辰光了？
CD-38

1

飞行
フィーイン

走得去
ツォウタッチー

勒 上海 蹲
ラッ　サンヘー　テン

来 㟓搭
レー　ガッタッ

学 上海闲话
オッ　サンヘーエーオー

+

2+3

需要 多少 辰光？
シュイーイヨー　トゥーソー　ゼンクァン

多少 辰光了？
トゥーソー　ゼンクァンラッ

mini 会話

A：上海に来てどのくらいになりますか。
侬 来 上海 多少 辰光了？
ノン　レー　サンヘー　トゥーソー　ゼンクァンラッ

B：約2年です。
大概 两年了。
ダーケー　リァンニーラッ

A：上海語がお上手ですね。
侬 上海闲话 讲得 老 好格嘛！
ノン　サンヘーエーオー　カンタッ　ロー　ホーアッマ

Point　"多少 辰光？"（トゥーソー ゼンクァン）「どのくらい時間がかかりますか」はどんな場合でも使える一般的な時間の聞き方です。その他に、"几分钟？"（チーフェンツォン）「何分？」、"几个 钟头？"（チーアッ ツォンドォウ）「何時間？」、"几 天？"（チー ティー）「何日？」、"几个 礼拜？"（チーアッ リーパー）「何週間？」、"几个 号头？"（チーアッ オードォウ）「何ヶ月？」、"几 年？"（チー ニー）「何年？」のように、いろいろな時間の尋ね方があります。

UNIT 39 　●相手に尋ねる
～は何ですか。

CD-39

	1		2
これ 趣味 専攻 あなたの得意な料理 あなたの勉強 　　している外国語		は	何ですか。

語句を覚えよう！

爱好 エーホー	趣味	名字 ミンズー	名前
专业 ツーニェッ	専攻	叫～ チオー	名前を ～という
拿手菜 ナーソゥツェー	得意な料理	今朝格 推奨品 チンツォーアッ テーチャンピン	今日のお勧め
外语 ンガーニュィー	外国語	鵁道 菜 ガッドー ツェー	この料理
工作 コンツォッ	仕事	侬 欢喜 吃格 物事 ノン フーシー チェッアッ マッズー	あなたの 好きな食べ物

UNIT 39
CD-39

～ 是 啥物事/是 啥?

1	2
爾 ガッ	是 啥物事? ズー サーマッズー
爱好 エーホー	
专业 ツーニェッ	+
侬格 拿手菜 ノンアッ ナーソウーツェー	是 啥? ズー サー
侬 学格 外语 ノン オッアッ ンガーニュィー	

mini 会話

A：あなたの趣味は何ですか。　侬格 爱好 是 啥?
　　　　　　　　　　　　　　ノンアッ エーホー ズー サー
B：スポーツです。　　　　　　体育运动。
　　　　　　　　　　　　　　ティーヨッユィンドン
　　サッカーが大好きです。　　最 欢喜格 是 足球。
　　　　　　　　　　　　　　ツー フーシーアッ ズー ツォッヂォウ
A：私は、映画と旅が好きです。　我 欢喜 看 电影, 也 欢喜 去
　　　　　　　　　　　　　　ンゴー フーシー クー ディーン アー フーシー チー
　　　　　　　　　　　　　　旅游。
　　　　　　　　　　　　　　リュィーイォウ

Point "啥"(サー)は、"侬格 爱好 是啥?"のように、「～は何ですか」と尋ねる疑問文以外にも、"侬 叫 啥格 名字?"(ノン チオー サーアッ ミンズー)「お名前は?」のように、"啥格"を名詞の前に置いて「どんな～ですか」という疑問文をつくることができます(UNIT41参照)。

UNIT 40 比較の質問
CD-40 どちらが〜ですか。

	1	2

どちらが

安いですか。
おいしいですか。
いいですか。
おもしろいですか。
最もあっていますか。

語句を覚えよう！

便宜 ピーニー	安い	欢喜 フーシー	好き
好吃 ホーチェッ	おいしい	想要 シァンィヨー	欲しい
好 ホー	よい	适意 サッイー	快適だ 心地よい
有劲 イォウチン	おもしろい	想吃 シァンチェッ	食べたい
合适 アッサッ	合う	阿里个 侉 可以 アーリーアッ ゼー クーイー	どちらでも いい

UNIT 40　阿里个 ～?
CD-40

1　阿里个
アーリーアッ

+

2
便宜?
ピーニー

好吃?
ホーチェッ

好?
ホー

有劲?
イォウチン

更加 合适?
ケンカー　アッサッ

mini 会話

A：どちらがいいですか。　　阿里个 好?
　　　　　　　　　　　　　アーリーアッ　ホー
B：こちらをください。　　　要 搿个。
　　　　　　　　　　　　　ィヨー ガッアッ

A：上海と東京ではどちらが　上海 搭 东京, 阿里个 城市 住勒
　　　　　　　　　　　　　サンヘー タッ トンチン　アーリーアッ ゼンズー ズーラッ
　　住みやすいですか。　　更加 适意?
　　　　　　　　　　　　　ケンカー サッイー
B：上海です。　　　　　　上海 更加 适意。
　　　　　　　　　　　　　サンヘー ケンカー サッイー

Point　「どれがより安いですか」は"阿里个 更加 便宜?"（アーリーアッ ケンカー ピーニー）、「どれが一番安いですか」は"阿里个 最便宜?"（アーリーアッ ツーピーニー）となります。また、「どれが好きですか」「どれが欲しいですか」というような疑問文の場合は、"侬 欢喜 阿里个?"（ノン フーシー アーリーアッ）、"侬 要 阿里个?"（ノン ィヨー アーリーアッ）のように"阿里个"が文末に来ます。

95

UNIT 41 CD-41 ■好みの種類を聞く
どんな～が好きですか。

1	3	4		2
(あなたは)	どんな	服 スポーツ 色 料理 お酒	が	好きですか。

語句を覚えよう！

衣裳 イーザン	服	紅(颜色)格 オン(ンゲーサッ)アッ	赤い
体育运动 ティーイョッユィンドン	スポーツ	黒(颜色)格 ハッ(ンゲーサッ)アッ	黒い
颜色 ンゲーサッ	色	藍(颜色)格 レー(ンゲーサッ)アッ	青い
菜 ツェー	料理	緑(颜色)格 ロッ(ンゲーサッ)アッ	緑の
酒 チォウ	お酒 (アルコール類)	白(颜色)格 パッ(ンゲーサッ)アッ	白い

UNIT 41
CD-41

侬 欢喜 啥格 ～?

1	2	3	4
侬 (ノン)	欢喜 (フーシー)	啥格 (サーアッ)	衣裳? (イーザン) 体育运动? (ティーイョッユィンドン) 颜色? (ンゲーサッ) 菜? (ツェー) 酒? (チォウ)

mini 会話

A: どんな服が好きですか。 　　侬 欢喜 啥格 衣裳?
　　　　　　　　　　　　　　　ノン フーシー サーアッ イーザン

B: 白でシンプルなのが好き　　 欢喜 白颜色, 样子 简单格。
　　です。　　　　　　　　　　フーシー バッンゲーサッ ィヤンツー チーテーアッ

A: 私もです。　　　　　　　　我 也 是格。
　　　　　　　　　　　　　　　ンゴー アー ズーアッ

Point "啥格"(サーアッ)「どんな、何の」のような疑問の意を含む語が用いられている場合は、文末に疑問を表す"𠵍"はつきません。また、デザイン・形などを尋ねる場合は、"哪能 样子格"(ナーネン ィヤンツーアッ)「どんなデザイン?」という表現がよく使われます。例えば、"侬 欢喜 哪能 样子格 衣裳?"(ノン フーシー ナーネン ィヤンツーアッ イーザン)「あなたはどんなデザインの服がお好きですか」といった具合です。また、"颜色"は日本語の「色」という意味です。

97

UNIT 42 CD-42

■ 勧める時の表現
〜はいかがですか。

1		2
お茶 食事 体調 お仕事 市内観光	は	いかがですか。

語句を覚えよう！

茶 ゾー	お茶	中国菜 ツォンコッツェー	中華料理
吃饭 チェッヴェー	食事をする	日本菜 サッペンツェー	日本料理
身体（状況） センティー（ザンクァン）	体調	韩国菜 ウーコッツェー	韓国料理
工作 コンツォッ	仕事	广东菜 クァントンツェー	広東料理
市内 观光 ズーネー クークァン	市内観光	四川菜 スーツーツェー	四川料理

UNIT 42
CD-42

～ 哪能啊？

1	2
吃 茶 (チェッ ゾー) 去 吃饭 (チー チェッヴェー) 身体 (センティー) 工作 (コンツォッ) 市内 观光 (ズーネー クークァン)	+ 哪能啊？ (ナーネンア)

mini 会話

A：最近、お仕事はいかがですか。
最近 工作 哪能啊？
ツーヂン コンツォッ ナーネンア

B：まあまあです。
还 可以哦。
エー クーイーヴァッ

A：体調はいかがですか。
侬身体 哪能啊？
ノン センティー ナーネンア

B：おかげさまで、元気です。
谢谢，蛮好格。
シアジア メーホーアッ

Point "哪能啊"（ナーネンア）は、主に相手の意向や意見、状況などを尋ねる際に用いられ、現在・過去・未来のいずれに関しても使うことができます。それに対する答には、"老 好格"（ロー ホーアッ）「非常にいい」や、"还可以"（エークーイー）「まあまあ」または"还好"（エーホー）「まあまあ」、"勿大 好"（ヴァッダー ホー）「あまりよくない」、"勿来三"（ヴァッレーセー）「だめだ」などがよく用いられます。

UNIT 43 CD-43

● 依頼する時

〜してくれませんか。

2　　　　　　　　1+3

写真を撮って
シャッターを押して
荷物を持って
ちょっと待って
もうちょっと
　　ゆっくり話して

くれませんか。

語句を覚えよう！

拍照 パッツォー	写真を撮る	拉 ラー	引っぱる
揿 快门 チン クアーメン	シャッターを押す	揿 チン	押す
拿 行李 ネー アンリー	荷物を持つ	关 窗 クエー ツァン	窓を閉める
等 テン	待つ	开 门 ケー メン	ドアを開ける
讲 勒 慢 一眼 カンラッ メー イェンゲー	ゆっくり話す	按摩 肩胛 ウーモー チーカッ	肩をもむ

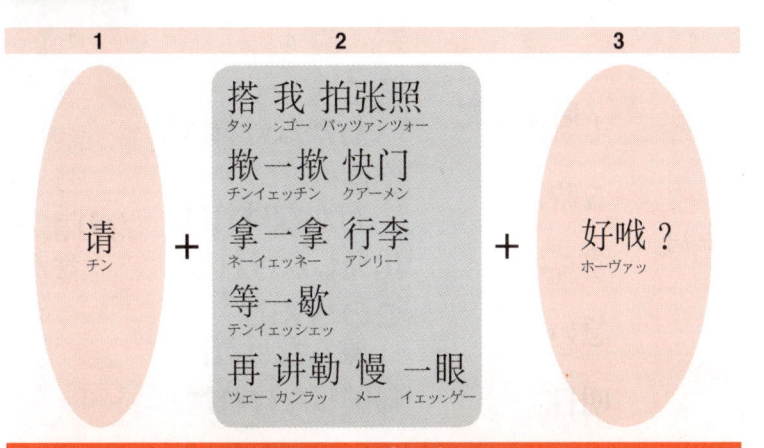

UNIT 43
CD-43
请 ～ 好哦？

1	2	3

请
チン

\+

搭 我 拍张照
タッ ンゴー パッツァンツォー

揿一揿 快门
チンイェッチン クアーメン

拿一拿 行李
ネーイェッネー アンリー

等一歇
テンイェッシェッ

再 讲勒 慢 一眼
ツェー カンラッ メー イェンゲー

\+

好哦？
ホーヴァッ

mini 会話

A：すみません、シャッターを押してくれませんか。
对勿起，请 揿一揿 快门，好哦？
テーヴァッチー チン チンイェッチン クアーメン ホーヴァッ

B：どこを押すのですか。
揿 啥地方呢？
チン サーディーファンナッ

A：ここを押すだけです。
只要 揿 搿搭 就 可以了。
ツァッィヨー チン ガッタ チョウ クーイーラッ

Point 文頭の"请"はなくても意味は変わりませんが、あった方がより丁寧な依頼の表現になります。また"请～"だけでも依頼の表現になりますが（UNIT26 参照）、後ろに"好哦？"（ホーヴァッ）「～してくれませんか」があった方が、相手の意向を尋ねるニュアンスが強くなります。"好哦？"の代わりに"可以哦？"（クーイーヴァッ）「～してもらってもいいですか」もよく用いられます。また、"揿一揿"、"拿一拿"のような「動詞＋"一"＋動詞」の言い方は、「ちょっと～をする」という意味で、人に何か頼む時に用いると、より丁寧な表現になります。ちなみに本文の"张"は写真の量詞「～枚」です。

UNIT 44
CD-44

■ 何かをする必要がある時の表現
〜しなければなりません。

1	3	4	2
私は	7時までに 5時に すぐに 急いで 明日	そこへ行かなければ 空港へ行かなければ 出発しなければ このバスに乗らなければ 帰国しなければ	なりません。

語句を覚えよう！

勒 七点钟 前头 ラッ チェッティーツォン シードォウ	7時までに	今朝 チンツォー	今日
五点钟 ンーティーツォン	5時に	后天 オゥティー	あさって
马上 モーザン	すぐに	瓣个 礼拜 ガッアッ リーパー	今週
快点 クアーティー	急いで	下个 礼拜 オーアッ リーパー	来週
明朝 ミンツォー	明日	明年 ミンニー	来年

UNIT 44
CD-44
一定要 〜。

1	2	3	4
我 ンゴー	一定要 イェッディンィヨー	勒 七点钟 前头 ラッ チェッティーツォン シードォウ 五点钟 ンーティーツォン 马上 モーザン 快点 クアーティー 明朝 ミンツォー	到 伊面 去。 トー イーミー チー 到 机场。 トー チーザン 出发。 ツァッファッ 乘 辞部 公共汽车。 ツェン ガッブー コンゴンチーツォー 回国。 ウエーコッ

mini 会話

A：彼女と約束をしているので、7時までにそこへ行かなければなりません。
搭 女朋友 约好了,
タッ ニュィーバンイオウ イャッホーラッ
所以 勒 七点钟 前头 一定 要
スーイー ラッ チェッティーツォン シードォウ イェッディンィヨー
到 伊面 去。
トー イーミー チー

B：そう、気をつけてね。
路朗 小心点。
ルーラン シオーシンティー

Point　「〜の前」には、"〜 前头"（シードォウ）の他に"〜 之前"（ツージー）という言い方もあります。なお、上海語の"六点一刻之前"は「6時15分まで」という意味で、「6時15分前（5:45）」という意味ではありません。時間の約束をする時などには、誤解が生ずる可能性があるので特に注意が必要です。

UNIT 45
CD-45

■ 教えて欲しい時の表現
〜を教えてください。

| 2 | 1+3 |

| ホテルへ行く道を
上海語で何と言うのか
上海語でどう発音するのか
原因を
結果を | （私に）
教えて
ください。 |

語句を覚えよう！

去 饭店格 路 チー ヴェーティーアッルー	ホテルへ 行く道	右面 イォウミー	右（側）
用 上海闲话 イヨン サンヘーエーオー 　　哪能 讲 　　ナーネン カン	上海語で 何と言う	左面 ツーミー	左（側）
用 上海闲话 イヨン サンヘーエーオー 　　哪能 发音 　　ナーネン ファイン	上海語で どう発音する	一直 イェッザッ	まっすぐ
原因 ニュィーイン	原因	理由 リーイォウ	理由
结果 チェックー	結果	日程 ニェッゼン	スケジュール

104

UNIT 45 / CD-45
请 告诉 我 ～ 好哦？

1	2	3
请 告诉 我 チン コースー ンゴー	去 饭店格 路 チー ヴェーティーアッ ルー 用 上海闲话 哪能 讲 ィヨン サンヘーエーオー ナーネン カン 用 上海闲话 哪能 发音 ィヨン サンヘーエーオー ナーネン ファッイン 原因 ニュィーイン 结果 チェックー	好哦？ ホーヴァッ

mini 会話

A：ホテルへ行く道を教えてくれませんか。

请 告诉 我 去 饭店格 路，
チン コースー ンゴー チー ヴェーティーアッ ルー
好哦？
ホーヴァッ

B：この道をまっすぐ行って、右側です。

搿条 路 一直 走，右面 就 是了。
ガッディオー ルー イェッザッ ツォウ ィォウミー チォウ ズーラッ

Point 何かを教えて欲しい時の表現は"请 告诉 我"（チン コースー ンゴー）の他に、"请 讲拨我 听听"（チン カンパッンゴー ティンティン）「～を教えてください」、"请问"（チンメン）「ちょっとお尋ねします」などもあります。また「どのように～するのか」は"哪能＋動詞"というように言い、例えば「東方明珠へはどう行きますか」なら、"去 东方明珠 哪能 走？"（チートンファンミンツー ナーネン ツォウ）となります。

UNIT 46
CD-46

● 近い将来についての表現

もうすぐ〜します／になります。

1	2	3
（私は）	もうすぐ	帰国します。
		休暇になります。
		食事にします。
仕事は		終わります。
木の葉は		赤くなります。

語句を覚えよう！

回国 ウエーコッ	帰国する	树叶 ズーイェッ	木の葉
放假 ファンカー	休暇(になる)	出院 ツァッユイー	退院(する)
吃饭 チェッヴェー	食事(をする)	出发 ツァッファッ	出発する
工作 コンツォッ	仕事	开学 ケーオッ	新学期になる
结束 チェッソッ	終わる 終える	上班 サンペー	出勤する

UNIT 46
CD-46
要 ～了。

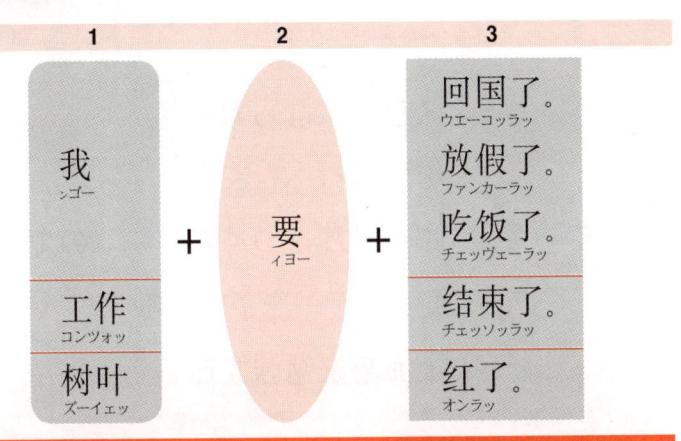

1	2	3
我 ˇゴー	+ 要 ｨヨー +	回国了。 ウエーコッラッ
		放假了。 ファンカーラッ
		吃饭了。 チェッヴェーラッ
工作 コンツォッ		结束了。 チェッソッラッ
树叶 ズーイェッ		红了。 オンラッ

mini 会話

A：まもなく帰国することになりました。
我 快要 回国了。
ˇゴー クアーィヨー ウエーコッラッ

B：そうですか、どうぞお気をつけて。また遊びに来てください。
是哦，祝 你 一路 顺风。
ズーヴァッ ツォッ ノン イェッルー ゼンフォン
再 来 白相噢。
ツェーレー バッシァンオー

Point　近い将来、「もうすぐ〜をする」、「もうすぐ〜になる」という表現は"要 〜了"（ィヨー 〜ラッ）という文型を使います。"要"の前に、"就""快""马上"のような副詞を置くこともできます。例えば、"就要 〜了"（チォウィヨー 〜ラッ）、"快要 〜了"（クアーィヨー 〜ラッ）"马上要 〜了"（モーザンィヨー 〜ラッ）などの表現があり、「もうすぐ、まもなく」という意味がより強調されます。

UNIT 47
CD-47

■ 方法の尋ね方
どうやって〜するのですか。

1	2	3
どうやって	スリムになられた 中国銀行へ行く この料理をつくる レストランを予約する 上海語を勉強する	のですか。

語句を覚えよう！

変 苗条 ビー ミオーディオー	スリムになる	上海闲话 サンヘーエーオー	上海語
去 チー	行く	存 钞票 ゼン ツォーピオー	お金を貯める
烧 菜 ソー ツェー	料理をつくる	申请／报名 センチン　ポーミン	申し込む
预约 饭店 ユィーイャッ ヴェーティー	レストラン を予約する	订 〜 ティン	〜を注文する
学 オッ	勉強する	联系 リーシー	連絡をとる

UNIT 47 哪能 ～？
CD-47

1+3: 哪能 (ナーネン)

2:
- 变 苗条格？ (ビー ミオーディオーアッ)
- 去 中国银行？ (チー ツォンコッニンアン)
- 烧 辣道 菜？ (ソー ガッドー ツェー)
- 预约 饭店？ (ユィーイャッ ヴェーティー)
- 学 上海闲话？ (オッ サンヘーエーオー)

mini 会話

A: どうやってスリムになられたのですか。
侬 哪能 变 苗条格？
(ノン ナーネン ビー ミオーディオーアッ)

B: 毎日このダイエットのお茶を1袋飲めば、1ヶ月でスリムになります。
每天 吃 一袋 辣格 减肥茶，一个 号头 就 变 苗条了。
(メーティー チェッ イェッデー ガッアッ ケーヴィーゾー イェッアッ オードォウ チョウ ビー ミオーディオーラッ)

Point

「どうやって～するのですか」と方法を尋ねる時は、"哪能～？"（ナーネン）という表現を使います。中国の市場などでは、生鮮食品やお菓子などが個数ではなく"斤"（チン）という単位で売られていて、戸惑うことがあるかもしれません（UNIT30参照）。どういう風に買ったらいいかわからない時は、店員に"辣 哪能 卖啊？"（ガッ ナーネン マーアッ）「これはどういう売り方をしていますか（意訳：お値段はいくらですか）」と尋ねてみましょう。

UNIT 48 CD-48
● 依頼・何かを勧める時の表現
どうぞ〜してください。

1	2
どうぞ	急いでください。 ここで止まってください。 お釣りはとっておいてください。 飛行場へ行ってください。 救急車を呼んでください。

語句を覚えよう！

快点 クアーティー	急いで	下 オー	降りる
停 ディン	止まる	帮助 バンズー	助ける
收好 ソウホー	取っておく	进 チン	入る
到〜 トー	〜まで行く	随便 スーピー	くつろぐ
叫 チオー	呼ぶ	休息 シォウシェッ	休む

UNIT 48
CD-48

请 〜。

1		2
请 チン	+	快点。 クアーティー 停勒 臬搭。 ディンラッ ガッタッ 收好 找头。 ソウホー ツォードォウ 到 机场。 トー チーザン 叫 救护车。 チオー チォウウーツォー

mini 会話

A：時間がありません。　　　没 辰光了，请 快点。
　　どうぞ急いでください。　マッ ゼンクァンラッ チン クアーティー

B：わかりました。　　　　　晓得了。
　　　　　　　　　　　　　シオータッラッ

A：道路が混んでいますね。　路朗 真 轧啊。
　　　　　　　　　　　　　ルーラン ツェン ガッアー

Point 文頭に"请"（チン）をつけるだけでも丁寧な言い方になりますが、上海語には、"谢谢侬，请〜"（シアジアノン チン）という、より丁寧な言い方もあります。また、"请 搭我 说明 一下"（チン タッンゴー サッミン イェッシア）「ちょっと説明してください」のように、"请"の後ろに"搭我"を加えると、「私に〜して欲しい」というニュアンスが加わります。また、本文の"勒"はここでは「〜で」の意味です。

UNIT 49　■タクシーの中で
～で降ります。

1	3		4	2
私は	ここ 次の信号 次の交差点 右に曲がったところ 左に曲がったところ	で	降り	たい。

語句を覚えよう！

喺搭 ガッタッ	ここ	转弯格 地方 ツーウエーアッ ディーファン	曲がった 　　ところ
下一只 红绿灯 オーイェッツァッ オンロッテン	次の信号	伊面 イーミー	あそこ
下一只 十字路口 オーイェッツァッ サッズールーコゥ	次の交差点	〇〇饭店 ヴェーティー	〇〇ホテル 〇〇レストラン
右 イォウ	右	大楼格 前面 ドゥーロゥアッ シーミー	ビルの前
左 ツー	左	进口 附近 チンコゥ ヴーチン	入口の近く

UNIT 49
CD-49

我要勒～下车。

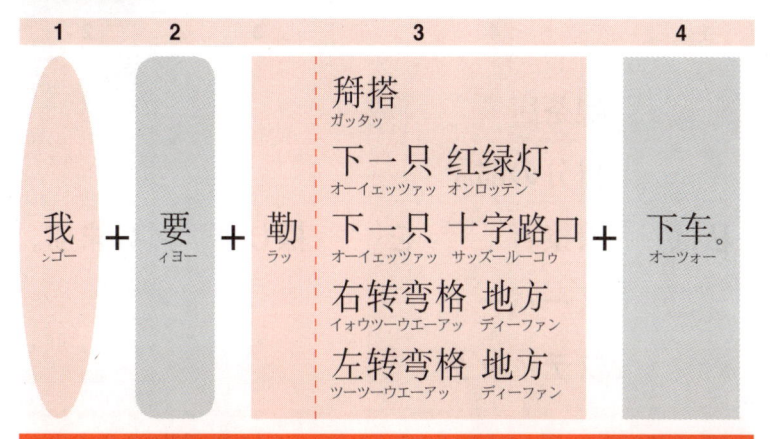

1	2	3	4

我 + 要 + 勒 +
- 豁搭 ガッタッ
- 下一只 红绿灯 オーイェッツァッ オンロッテン
- 下一只 十字路口 オーイェッツァッ サッズールーコウ
- 右转弯格 地方 イォウツーウエーアッ ディーファン
- 左转弯格 地方 ツーツーウエーアッ ディーファン

+ 下车。 オーツォー

ンゴー　イヨー　ラッ

mini 会話

A：ここで降ろしてください。いくら？
我 要 勒 豁搭 下车。几钿？
ンゴー イヨー ラッ ガッタッ オーツォー チーディー

B：60元です。
六十块。
ロッザックエー

A：お釣りは結構です。
找头 勿了。
ツォードォウ ヴィヨーラッ

Point 「タクシー」のことは、普通話と同じように"出租车"（ツァッツーツォー）とも言いますが、上海語の独特な新語である"叉头"（ツァードォウ）という呼び方もよく使われています。タクシーの運転手のことは"司机"（スーチー）と言いますが、呼びかけとしては"師傅"（スーヴー）「（職人を呼ぶ時の呼び方）」の方が相手を尊敬している表現で、喜ばれます。

UNIT 50 CD-50

● 目格地を探す

私は〜を探しています。

1	4		3	2
私は	喫茶店 自分の部屋 警察署 スーパー ブティック	を	探して	います。

語句を覚えよう！

咖啡馆 カーフィークー	喫茶店	美容院 メーィヨンユィー	美容院
自家格 房間 スーカーアッ ヴァンケー	自分の部屋	理发店 リーファッティー	理髪店
公安局 コンウーヂョッ	警察署	酒吧 チョウパー	バー
超市 ツォーズー	スーパー マーケット	市场 ズーザン	市場
时装 商店 ズーツァン サンティ	ブティック	信息 中心 シンシェッ ツォンシン	インフォ メーション センター

UNIT 50
CD-50
我 勒勒 寻 ～。

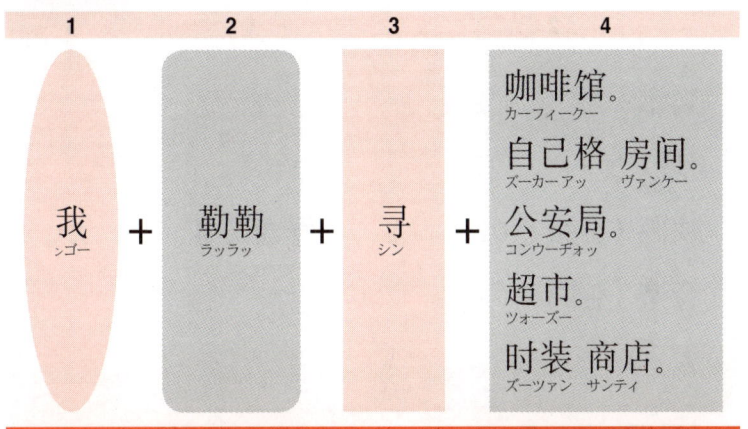

1	2	3	4
我 ンゴー	勒勒 ラッラッ	寻 シン	咖啡馆。 カーフィークー 自己格 房间。 ズーカーアッ ヴァンケー 公安局。 コンウーヂォッ 超市。 ツォーズー 时装 商店。 ズーツァン サンティ

mini 会話

A：喫茶店を探しているのですが。
我 勒勒 寻 咖啡馆。
ンゴー ラッラッ シン カーフィークー

B：この先の右側にありますよ。
前头 右面 就 有格。
シードォウ イォウミー チォウ イォウアッ

A：ありがとう。
谢谢。
シアジア

Point "勒勒"（ラッラッ）は、「今ちょうど〜しているところだ」という意味を表します。"勒勒"の"勒"を1つ省略して、"勒"だけにしても意味は通じます。例えば、"我 勒 看书"（ンゴー ラック クースー）は「私は本を読んでいるところだ」という意味になります。また相手の探している場所を尋ねる場合は、"勒 寻 啥地方？"（ラッ シン サーディーファン）「どこに行かれるのですか（何をお探しですか）」という表現を使います。

UNIT 51 CD-51

■ 嗜好を尋ねる時

～は好きですか。

2	1	3
スポーツ サッカー 映画（を観るの） 音楽（を聞くの） 犬　　は	好きです	か。

語句を覚えよう！

体育运动 ティーイョッユィンドン	スポーツ	工作 コンツォッ	仕事
足球 ツォッヂォウ	サッカー	卡拉ＯＫ カーラーオーケー	カラオケ
电影 ディーイン	映画	徒步 旅行 ドゥーブー リュィーイン	ハイキング
音乐 インイャッ	音楽	读书 ドッスー	読書
狗 コゥ	犬	猫 モー	猫

UNIT 51
CD-51
欢喜 〜哦？

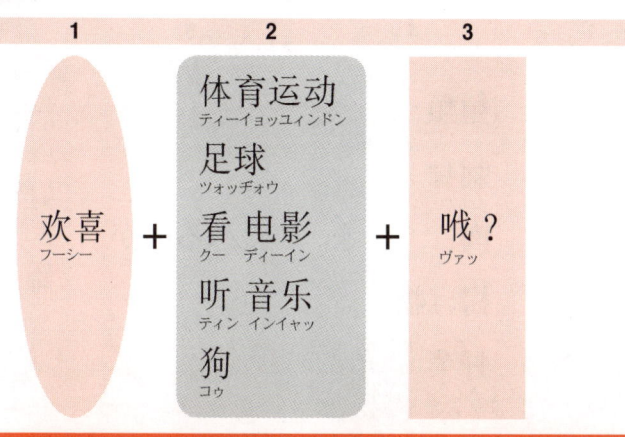

1	2	3
欢喜 フーシー	体育运动 ティーイョッユィンドン 足球 ツォッヂォウ 看 电影 クー ディーイン 听 音乐 ティン インイャッ 狗 コウ	哦？ ヴァッ

mini 会話

A：映画は好きですか。　　　欢喜 看 电影哦？
　　　　　　　　　　　　　　フーシー　クー ディーインヴァッ

B：大好きです。あなたは？　老 欢喜格。侬 呢？
　　　　　　　　　　　　　　ロー フーシーアッ　　ノン ナッ

A：私は音楽が好きです。谷村　我 欢喜 听 音乐。特别 欢喜
　　新司の「昴」が大好きです。ンゴー フーシー ティン インイャッ　ダッピェッ フーシー
　　　　　　　　　　　　　　谷村新司格 "星"。
　　　　　　　　　　　　　　コッツェンシンスーアッ　シン

Point 日本語では「肉は好きですか」、「野球は好きですか」という聞き方をしますが、中国語では"侬 欢喜 吃 肉哦?"(ノン フーシー チェッニョッヴァッ)「肉を食べるのは好きですか」、"侬 欢喜 打 棒球哦?"(ノン フーシー タン バンヂォウヴァッ)「野球をするのは好きですか」のように、動作を表す語を加えるのが普通です。ただし試合観戦時など、観ることを話題にしているとわかっている時は、"侬 欢喜 足球哦?"(ノン フーシー ツォッヂォウヴァッ)「サッカーが好きですか」で構いません。

UNIT 52 CD-52　■嗜好の表現
私は～が好きです／嫌いです。

1	4		3	2
私は	麺類 刺身 肉 揚げ物 野菜	を	食べるのが	好きです。 嫌いです。

語句を覚えよう！

面 ミー	麺類	辣格 物事 ラッアッ マッズー	辛いもの
生魚片 サンニーピー	刺身	甜格 物事 ディーアッ マッズー	甘いもの
肉 ニオッ	肉	清淡格 物事 チンデーアッ マッズー	あっさり したもの
油氽格 物事 イオウテンアッ マッズー	揚げ物	酸格 物事 スーアッ マッズー	酸っぱいもの
蔬菜 スーツェー	野菜	水果 スークー	果物

UNIT 52
CD-52

我 欢喜／勿欢喜 吃 ～。

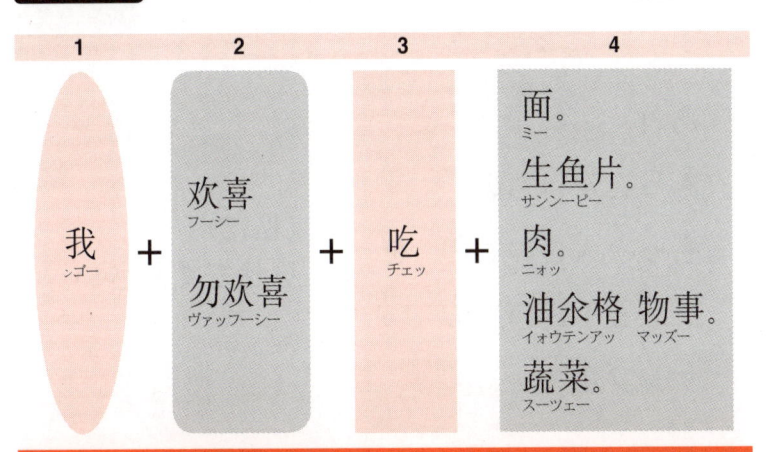

1	2	3	4
我 ンゴー	欢喜 フーシー 勿欢喜 ヴァッフーシー	吃 チェッ	面。ミー 生鱼片。サンンーピー 肉。ニオッ 油氽格 物事。イォウテンアッ マッズー 蔬菜。スーツェー

mini 会話

A：食べ物は何が好きですか。　　侬 欢喜 吃 啥？
　　　　　　　　　　　　　　　ノン フーシー チェッサー

B：肉料理が好きです。　　　　　我 欢喜 吃 肉。
　　　　　　　　　　　　　　　ンゴー フーシー チェッ ニオッ

A：私もです。　　　　　　　　　我 也 是 格。
　　　　　　　　　　　　　　　ンゴー アー ズーアッ

Point UNIT51 で説明したのと同様、食べ物の嗜好について言う時も、わかり切っている場合を除いて、"我 欢喜 吃 鱼"「私は魚を食べるのが好きです」のように、動作を表す語を加えます。なお、「好きではない」ことを伝える場合、"勿欢喜" より "勿是 老 欢喜"（ヴァッズー ロー フーシー）「そんなに好きではない」、"勿大 欢喜"（ヴァッダー フーシー）「あまり好きではない」と言った方がソフトな表現になります。

UNIT 53
CD-53

● 「見たい」と頼む時

～を見せてください。

2	1
あれ / もっと安いもの / もっと大きいもの / もっと小さいもの / サンプル を	（私に）見せてください。

語句を覚えよう！

伊个 イーアッ	あれ	別格 ビェアッ	別のもの
更加 便宜格 ケンカー ビーニーアッ	もっと 安いもの	挑格 ティオーアッ	派手なもの
更加 大格 ケンカー ドゥーアッ	もっと 大きいもの	素格 スーアッ	地味なもの
更加 小格 ケンカー シオーアッ	もっと 小さいもの	上品格 ザンピンアッ	上品なもの
様品 イヤンピン	サンプル	好格 物事 ホーアッ マッズー	いいもの

UNIT 53 / CD-53
请拨我看看～。

1	2
请拨我看看 _{チン パッ ンゴー クークー} +	伊个。 _{イーアッ} 更加 便宜格。 _{ケンカー ピーニーアッ} 更加 大格。 _{ケンカー ドゥーアッ} 更加 小格。 _{ケンカー シオーアッ} 样品。 _{イャンピン}

mini 会話

A： もっと安いものを見せてください。
请拨我看看 更加 便宜格。
_{チン パッ ンゴー クークー ケンカー ピーニーアッ}

B： はい、どうぞ。
好格。
_{ホーアッ}

A： もう少しいいものはありますか。
有 更加 好格哦？
_{イォウ ケンカー ホーアッヴァッ}

Point ここの"拨我"（パッンゴー）は「私に」という意味ですが、その他に"让我"（ニァン ンゴー）も同じ意味で使えます。また、「もうちょっと～なもの」という時は、"一眼"（イェッンゲー）或いは"一点"（イェッティー）を使って、"请拨我看看便宜一眼格"（チン パッンゴー ピーニー イェッンゲーアッ）「もうちょっと安いものを見せてください」などと言うことができます。なおこの"一"もしばしば省略され、"便宜眼格"（ピーニーンゲーアッ）のように言われます。

UNIT 54
CD-54

■ 可能性を聞く表現
〜でしょうか。

1		3	2	4
彼 明日 この計画 日本チーム お父さん	は	来る 晴れる 成功する 勝つ 許す	でしょう	か。

語句を覚えよう！

来 レー	来る	计划 チーウァッ	計画
晴 チン	晴れる	落雨 ロッユィー	雨が降る
成功 ゼンコン	成功する	队 デー	チーム
赢 イン	勝つ	输 スー	負ける
允许 ユィンシュィー	許す	比赛 ビーセー	試合

UNIT 54　会 〜哦？
CD-54

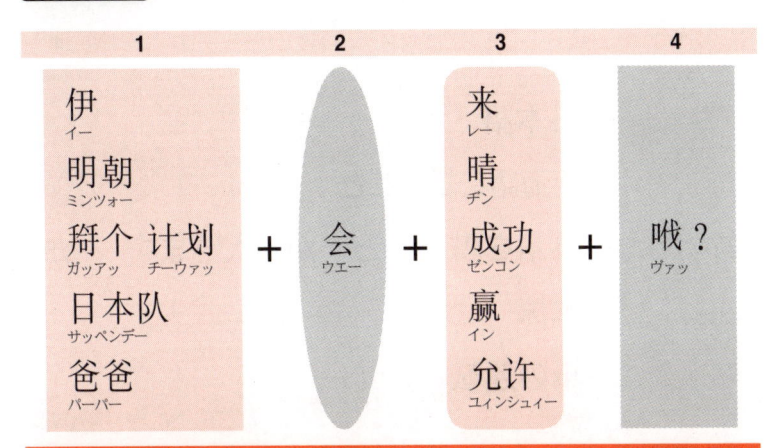

1	2	3	4
伊 (イー) 明朝 (ミンツォー) 辦个 计划 (ガアッ チーウァッ) 日本队 (サッペンデー) 爸爸 (パーパー)	＋ 会 (ウエー) ＋	来 (レー) 晴 (チン) 成功 (ゼンコン) 赢 (イン) 允许 (ユィンシュィー)	＋ 哦？(ヴァッ)

mini 会話

A：明日の試合、うちの学校は勝てるかなぁ？

B：きっと勝てると思うよ。そしたら、飲みに行きましょう。

明朝格 比赛，阿拉格 校队
_{ミンツォーアッ ビーセー　アッラーアッ ィヨーデー}
会 赢哦？
_{ウエー インヴァッ}
当然 会 赢 格啦。要是 赢了，
_{タンズー ウエー イン アッラー　ィヨーズー インラッ}
阿拉 一道 去 吃 老酒哦。
_{アッラッ イェッドー チー チェッ ローチォウヴァッ}

> **Point**　"会"には「〜するだろう」「〜するはずだ」という可能性を表す用法があります。主に将来のことについて用いられますが、"现在 伊 会 勒 屋里哦？"（イーゼー イー ウエー ラッ オッリーヴァッ）「今彼女は家にいるでしょうか」のように現在のことや、また過去のことについて用いられることもあります。同じ意味で、"伊 会勿会 勒 屋里？"（イー ウエーヴァッウエー ラッ オッリー）という言い方もよく使われます。

123

UNIT 55 CD-55

■ 能力について聞く表現

〜はできますか。

1	3		2	4
(あなたは)	日本語 上海語を話すこと 英語を書くこと 水泳 車の運転	が	できます	か。

語句を覚えよう！

日语 サッニュイー	日本語	广东闲话 クァントンエーオー	広東語
上海闲话 サンヘーエーオー	上海語	中文 ツォンヴェン ／中国闲话 ツォンコッエーオー	中国語
英文 インヴェン	英語	普通闲话 プートンエーオー	中国の標準語 （普通話）
游泳 イオウィヨン	水泳	方言 ファンイー	方言
车子 ツォーツー	車	弾 钢琴 デー カンチン	ピアノを弾く

UNIT 55
CD-55

侬 会 ～哦？

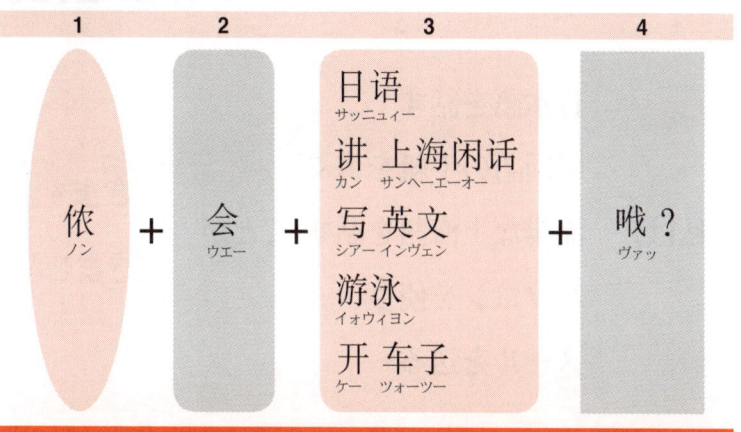

1	2	3	4
侬 ノン	会 ウエー	日语 サッニュィー 讲 上海闲话 カン サンヘーエーオー 写 英文 シアー インヴェン 游泳 イォウィヨン 开 车子 ケー ツォーツー	哦？ ヴァッ

mini 会話

A：日本語を話すことができますか。
侬 会 讲 日语哦？
ノン ウエーカン サッニュィーヴァッ

B：いいえ、できません。
朆格，朆讲格。
ヴェイアッ ヴェイカンアッ

A：では、英語はできますか。
葛么，侬 会 讲 英语哦？
カッマッ ノン ウエー カン インニュィーヴァッ

B：少しできます。
会 一眼。
ウエー イェッゲー

Point UNIT54で出てきた「〜でしょうか」の他に、語学や運転など、学習・訓練を経てできるようになるものについても、"会"を使います。なお、「中国語」は普通"中文"（ツォンヴェン）または"中国闲话"（ツォンコッエーオー）と言い、「上海語」は"上海闲话"（サンヘーエーオー）と言います。

UNIT 56 CD-56

■ 可能／不可能の表現
〜をすることができます／できません。

1	3		2
（私は）	日本語を話す 中国語の手紙を書く 流暢な上海語を話す パソコンを使う メールを送る	ことが	できます。 できません。

語句を覚えよう！

讲 カン	話す	一眼 イェッンゲー	少し
信 シン	手紙	老 好格 ロー ホーアッ	上手に
老 流利格 ロー リォウリーアッ	流暢な	随便 スービー	自由に
电脑 ディーノー	パソコン	一个人 イェッアッニン	一人で
电子邮件 ディーツーイォウヂー	Eメール	简单格 チーテーアッ	簡単な

126

UNIT 56
CD-56

我 会／勿会 ～。

1	2	3
我 ンゴー	会 ウエー 勿会 ヴァッウエー	讲 日语。 カン サッニュィー 写 中文信。 シアー ツォンヴェンシン 讲 老 流利格 上海闲话。 カン ロー リョウリーアッ サンヘーエーオー 用 电脑。 ィヨン ディーノー 发 电子邮件。 ファッ ディーツーイォウヂー

mini 会話

A：水泳はできますか。　　　　侬 会 游泳哦？
　　　　　　　　　　　　　　ノン ウエー イォイヨンヴァッ
B：少しできます。　　　　　　会 一眼。
　　　　　　　　　　　　　　ウエー イェッゲー
A：どれくらい泳げますか。　　好 游 多少远？
　　　　　　　　　　　　　　ホー イォウ トゥーソーユィー
B：500メートルくらいです。　我 好 游 五百米 左右。
　　　　　　　　　　　　　　ンゴー ホー イォウ ンーパッミー ツーイォウ

Point 上海語の"会"（ウエー）は、「能力があってできる」時も使います。しかし、「できる」程度を言う場合は"好"（ホー）を用います。例えば、"我 会 游泳"（ンゴー ウエー イォウィヨン）「私は泳げます」→"我 好 游 五百米"（ンゴー ホー イォウ ンーパッミー）「私は500メートル泳げます」のようになります。また、"今朝 我 勿好 去"（チンツォー ンゴー ヴァッホー チー）「私は、今日は行けません」のように「ある条件があってできる／できない」にも"好"が使われます。

UNIT 57　● 許諾を得る時
〜していいですか。

ちょっとトイレをお借りして
試着して
お名前をお伺いして
写真を撮って
これをいただいて

いいですか。

語句を覚えよう！

借用 洗手間／借用 厠所	トイレを借りる	一下	ちょっと
試穿	試着する	進去	中に入る
問 名字	名前を聞く	坐勒 幫搭	ここに座る
拍照	写真を撮る	閃光灯	フラッシュ
拿	取る（いただく）	吃 香烟	たばこを吸う

UNIT 57
CD-57
可以 ～哦？

1	2	3

可以
クーイー

+

借用 一下 洗手间
チアーィヨン イェッシア シーソウゥケー

试穿
スーツー

问 依格 名字
メン ノンアッ ミンズー

拍照
パッツォー

拿 朌个
ネー ガッアッ

+

哦？
ヴァッ

mini 会話

A： ここで写真を撮ってもいいですか。　　可以 勒 朌搭 拍照哦？
クーイー ラッ ガッタッ パッツォーヴァッ

B： どうぞ。　　可以格。
クーイーアッ

A： フラッシュはたいてもいいですか。　　可以 用 闪光灯哦？
クーイー ィヨン スーヮンテンヴァッ

B： いけません。　　勿可以。
ヴァックーイー

Point "可以"（クーイー）は、"借用 洗手间, 可以哦？"（チアーィヨン シーソウゥケー クーイーヴァッ）のように、文末に持ってくることもできます。また、"可以哦？"の代わりに"好哦？"（ホーヴァッ）を使うこともできます。"好"も"可以"同様に、文頭にも文末にも置くことができます。例えば"好 借用 洗手间哦？"（ホー チアーィヨン シーソウゥケーヴァッ）といった具合です。これらの問いに対する答は、「はい」なら"可以格"（クーイーアッ）、「いいえ」なら"勿可以"（ヴァックーイー）または"勿来三"（ヴァッレーセー）となります。

UNIT 58 CD-58 ● 同調の表現
～しましょう。

1	2	3
(私たちは)	食事にし ひと休みし 買物に行き タクシーで行き ホテルに戻り	ましょう。

語句を覚えよう！

吃饭 チェッヴェー	食事をする	乗 公共汽车 ツェン コンゴンチーツォー	バスに乗る
休息 一歇 シォウシェッ イェッシェッ	ひと休み	走得去 ツォウタッチー	歩いて行く
买 物事 マー マッズー	買物	睏觉 クンゴー	寝る
乗 出租车 去 ツェン ツァッツーツォー チー /乗 叉头 去 ツェン ツァードゥチー	タクシーで 行く	早眼 起来 ツォーンゲー チーレー	朝早く起きる
回 ウエー	戻る	快点 クアーティー	急いで

UNIT 58
CD-58

阿拉 ～哦。

1	2	3
阿拉 アッラッ	吃饭 チェッヴェー 休息 一歇 シォウシェッ イェッシェッ 买 物事 去 マー マッズー チー 乘 出租车 去 ツェン ツァッツーツォー チー 回 宾馆 ウエー ピンクー	哦。 ヴァッ

mini 会話

A：お昼になりました。食事にしましょう。
已经 到 中朗了，阿拉 吃饭哦。
イーチン トー ツォンランラッ アッラッ チェッヴェーヴァッ

B：何を食べましょうか。
吃 啥格 好呢?
チェッ サーアッ ホーナッ

A：簡単なものがいいですね。
简单 吃 一眼哦。
チーテー チェッ イェッンゲーヴァッ

Point "哦"（ヴァッ）は文末に置いて、聞き手の意見を求めたり、誘いかけたりする語気を表します。「映画を観に行きましょう」は"阿拉 去 看 电影哦"（アッラッ チー クー ディーインヴァッ）といいますが、否定表現の「映画を観に行くのをやめましょう」は文末の"哦"の前に、"了"をつけて、"阿拉 勿去 看 电影了哦"（アッラッ ヴィヨーチー クーディーインラッヴァッ）になります。ちなみに"勿"（ヴィヨー）は、"勿要"（ヴァッィヨー）「～しないで、してはいけない」という意味です。

UNIT 59
CD-59

■ 希望を伝える表現

～をお願いします。

2　　　　　　　　　1

元への両替を
お勘定、
予約の再確認、
タクシー、
電話をください。

お願いします。

語句を覚えよう！

调成 人民币 ディオーゼン ゼンミンビー	元に両替する	房间 服务 ヴァンケー ヴォッウー	ルーム サービス
结帐 チェッツァン	お勘定 （お支払い）	预订 宾馆 ユィーディン ビンクー	ホテルを 予約する
预订 ユィーディン	予約	牌价 パーカー	レート 株価
出租车／叉头 ツァッツーツォー　ツァードォウ	タクシー	更改 预订 ケンケー　ユィーディン	予約の変更
电话 ディーオー	電話	取消 预订 チューイーシオー ユィーディン	予約の取消

132

UNIT 59 请 搭我 ～。
CD-59

1	2
请 搭我 チン タッンゴー	调成 人民币。 ディオーゼン ゼンミンビー
	结账。 チェッツァン
	拿 预订 再确认 一下。 ネー ユィーディン ツェーチュオッニン イェッシア
	叫 出租车。 チオー ツァッツーツォー
	打 电话。 タン ディーオー

mini 会話

A：元に両替してください。今日の日本円のレートはいくらですか。
请 搭 我 调成 人民币，今朝 日币 牌价 多少？
チン タッ ンゴー ディオーゼン ゼンミンビー チンツォー サッピー パーカー トゥーソー

B：1万円 650 元です。
一万块 日币 调 六百五十块 人民币。
イェッヴェークエー サッピー ディオー ロッパッンソーザックエー ゼンミンビー

A：じゃあ、5万円分替えてください。
葛么，我 调 五万块 日币。
カッマッ ンゴー ディオー ソーヴェークエー サッピー

Point 「私（のため）に〜してください」と言いたい時、動作を表す語の前に"请 搭我 〜"（チン タッンゴー）をつけますが、"搭我"はなくても意味は通じます。"一下"（イェッシア）は「ちょっと」の意味です。また、より丁寧に頼みたい場合は、文の頭に"麻烦依…"（モーヴェーノン）「お手数ですが…」などをつけ加えるとよいでしょう。

UNIT 60
CD-60

● 希望を聞く表現
あなたは～したいですか。

1	3	2	4
あなたは	何をし どこへ行き 何を食べ 豫園(ヨエン)へ行き 日本へ行き	たいです	か。

語句を覚えよう！

做啥 ツー サー	何をする	国外旅行 コッガーリュィーイン	海外旅行
去啥地方 チー サーディーファン	どこへ行く	国内旅行 コッネーリュィーイン	国内旅行
吃啥 チェッ サー	何を食べる	东北地区 トンポッディーチュィー	東北地方
城隍庙 ゼンゥワンミオー	豫園へ行く	华南地区 オーヌーディーチュィー	華南地方
去日本 チー サッペン	日本へ行く	西北地区 シーポッディーチュィー	西北地方

UNIT 60　侬 想 ～呢/哦？
CD-60

1	2	3	4
侬 ノン	想 シァン	做 啥 ツー サー 去 啥地方 チー サーディーファン 吃 啥 チェッ サー ―――――― 去 城隍庙 チー ゼンゥワンミオー 去 日本 チー サッペン	呢？ ナッ ―――― 哦？ ヴァッ

mini 会話

A：どこへ行きたいですか。
侬 想 去 啥地方呢？
ノン シァン チー サーディファンナッ

B：中国の東方地方に行きたいです。
我 想 去 中国格 东北地区。
ンゴー シァン チー ツォンコッアッ トンポッディーチュィー

A：私はカナダへ行きたいと思っています。
我 想 去 加拿大。
ンゴー シァン チー カーナーダー

Point 希望を聞く時は、"想"（シァン）のような丁寧な表現の他に、もっとストレートな表現 "要"（ィヨー）もあります。お客さん、友達、目上の方には "侬 想 去 啥地方？"（ノン シァン チー サーディーファン）と聞きますが、子どもや身内には、"侬 要 去 啥地方？"（ノン ィヨー チー サーディーファン）と聞いても大丈夫です。また、"啥" "啥地方" など疑問を表す語を用いた疑問文の最後には "哦" をつけませんが、"呢" をつけるとよりソフトな口調になります。

UNIT 61　●感情・状況の表現
CD-61
私はとても～です。

1	2	3	4
私は	とても	嬉しい 気持ちがいい 忙しい 寂しい 悲しい	です。

語句を覚えよう！

开心 ケーシン	嬉しい 楽しい	兴奋 シンフェン	興奮している
适意 サッイー	気持ちがいい	为难 ウエーネー	困っている
忙 マン	忙しい	满意 ムーイー	満足 （している）
寂寞 ジェッモッ	寂しい	生气 サンチー	怒っている
伤心 サンシン	悲しい	犹豫 イォウィー	迷っている

UNIT 61
CD-61

我 老 ～格。

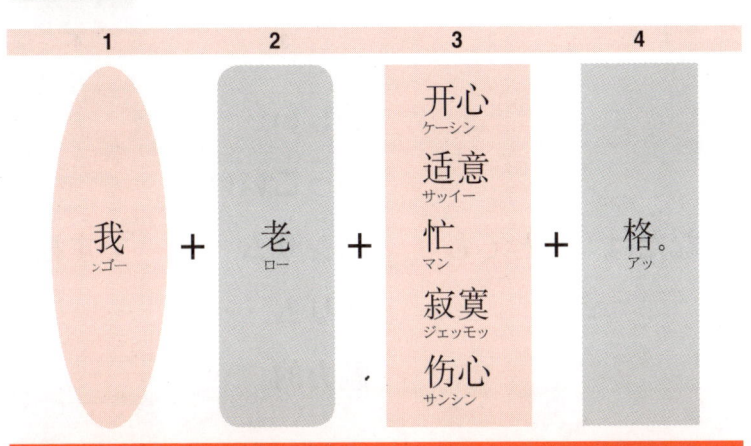

1	2	3	4
我 ンゴー	老 ロー	开心 ケーシン 适意 サッイー 忙 マン 寂寞 ジェッモッ 伤心 サンシン	格。アッ

mini 会話

A：中国旅行は楽しいですか。

中国 旅行 开心哦？
ツォンコッ リュィーイン ケーシンヴァッ

B：楽しいです。

蛮 开心格。
メー ケーシンアッ

でも、毎日観光で忙しいです。

不过, 天天 侪 观光, 老 忙格。
パックー　ティーティー ゼー クーファン　ロー マンアッ

A：いいなあ。私は今仕事が忙しくてどこへも行けません。

侬 老 开心噢！ 我 现在 工作
ノン ロー ケーシンオゥ　ンゴー イーゼー コンツォッ
老 忙格, 啥地方 也 勿好 去。
ロー マンアッ　サーディーファン アー ヴァッホー チー

Point

「とても～」「大変～」という意味を表すために、最もよく使われる上海語は、"老"（ロー）ですが、その他に、"交关"（チオクエ）、"瞎"（ハッ）といった語も上海語特有のもので、よく使われます。例えば「とても綺麗です」を上海語で言う場合、"老 漂亮格"（ロー ピオーリャンアッ）、"交关 漂亮"（チオクエ ピオーリャン）、"瞎 漂亮"（ハッ ピオーリャン）のどれでも同じ意味となります。

UNIT 62
CD-62

● ルックスの表現

あなたはとても〜ですね。

1	2	3	4
あなたは	とても	美しい かっこいい ハンサム スリム 魅力的	ですね。

語句を覚えよう！

漂亮 ピオーリァン	美しい	热情 ニェッヂン	親切
灵 リン	かっこいい	狡猾 チオーウァッ	ずるい
英俊 インチュィン	ハンサム	骄傲 チオーンゴー	傲慢だ
苗条 ミオーディオー	スリム	聪明 ツォンミン	頭がいい
有 魅力 イオウ メーリェッ	魅力がある	有 能力 イオウ ネンリェッ	能力がある

UNIT 62　侬 老 ～噢！
CD-62

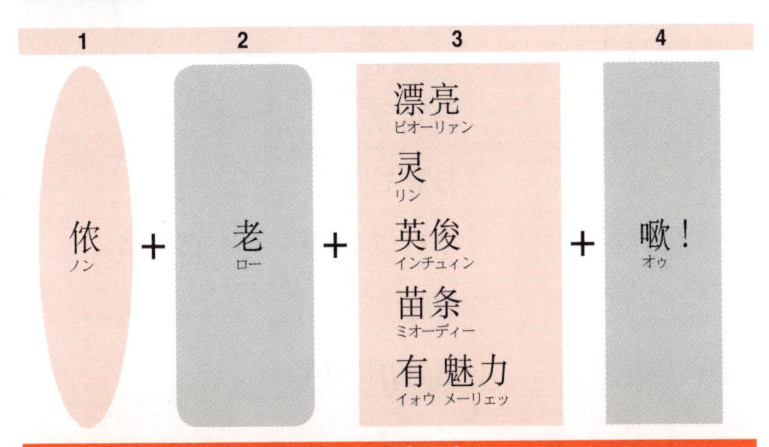

1		2		3		4
侬 ノン	＋	老 ロー	＋	漂亮 ピオーリァン 灵 リン 英俊 インチュィン 苗条 ミオーディー 有魅力 イォウ メーリェッ	＋	噢！ オゥ

mini 会話

A：あなたは、知的できれいですね。
侬 老 有 头脑格，也 老 漂亮噢！
ノン ロー イォウ ドウノーアッ　アー ロー ピオーリァンオゥ

B：ありがとうございます。
谢谢。
シアジア

あなたもかっこいいわ。
侬 也 老 灵格呀。
ノン アー ロー リンアッィヤ

Point　上海語特有のルックスを表す表現としては、"灵"（リン）「かっこいい、きれい」、"挺括"（ティンクァッ）「かっこいい」、"上品"（サンピン）「上品な」などがあります。最近は英語の"cool"の音訳語として"酷"（コッ）「かっこいい」などもよく使われます。mini 会話に出てくる"也"（アー）は、「～も」の意味です。

139

UNIT 63 CD-63

■ 状態を聞く表現

(あなたは) 〜ですか。

1	2	3
(あなたは)	お元気 お疲れ 今日はお暇 空腹 気分がいい	ですか。

語句を覚えよう！

好／健康 ホー　チーカン	元気	嘴巴 干 ツーポー クー	のどが渇いている
吃力 チェッリェッ	疲れている	发 寒热 ファッ ウーニェッ	熱がある
有空 イォウコン	暇な (暇がある)	痛 トン	痛い
肚皮 饿 ドゥーピー ングー	空腹 (お腹がすく)	难过 ネークー	苦しい
适意 サッイー	気分がいい	勿紧格 ヴィヨーチンアッ	大丈夫

UNIT 63　侬 ～哦？
CD-63

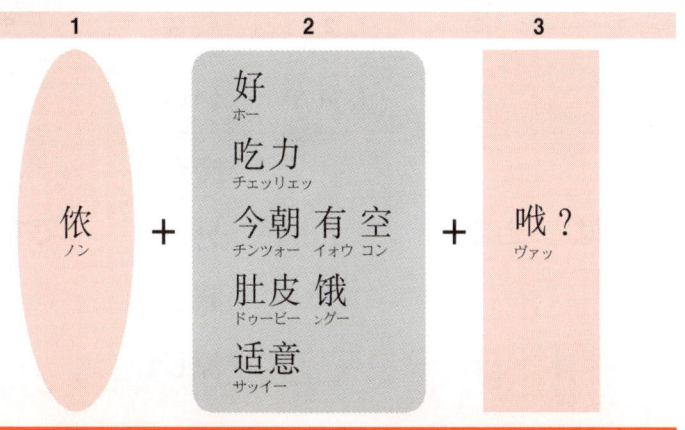

1		2		3
侬 ノン	+	好　ホー 吃力　チェッリェッ 今朝有空　チンツォー イォウ コン 肚皮饿　ドゥーピー ングー 适意　サッイー	+	哦？ ヴァッ

mini 会話

A：お久しぶりですね、お元気ですか。　长远 勿见了, 侬 好哦？
サンユィー ヴァッチーラッ ノン ホーヴァッ

B：元気です。あなたは？　蛮好, 侬 呢？
メー ホー ノン ナッ

A：私も元気です。　我 也 蛮好。
ンゴーアー メー ホー

Point　相手に何か尋ねる場合、"侬 身体 好哦？"（ノン センティー ホーヴァッ）「身体の調子はどうですか」という表現の他に、"侬 身体 好勿好？"（ノン センティー ホーヴァッホー）というような表現もあります。"～ 好勿好？"のように、肯定・否定の形を続けた文を「反復疑問文」と言います。反復疑問文は一般的に確認の語気を含むので、この場合は「身体は大丈夫なのですか」、というニュアンスになります。反復疑問文には、文末に疑問詞の"哦"（ヴァッ）がつかないことに注意しましょう。

UNIT 64 CD-64

天候の表現（1）
今日はとても(天気が)〜ですね。

1	3	2	4	5
今日は	とても	天気が	いい 暖かい 暑い 寒い 涼しい	ですね。

語句を覚えよう！

天气 好 ティーチー ホー	天気がいい	闷热 メンニェッ	むし暑い
暖热 ヌーニェッ	暖かい	气温 高 チーウェン コー	気温が高い
热 ニェッ	暑い	湿度 高 サッドゥー コー	湿度が高い
冷 ラン	寒い	落雨 ロッユィー	雨（が降る）
风凉 フォンリャン	涼しい	阴天 インティー	曇り

UNIT 64 / CD-64

今朝（天气）老 ～格。

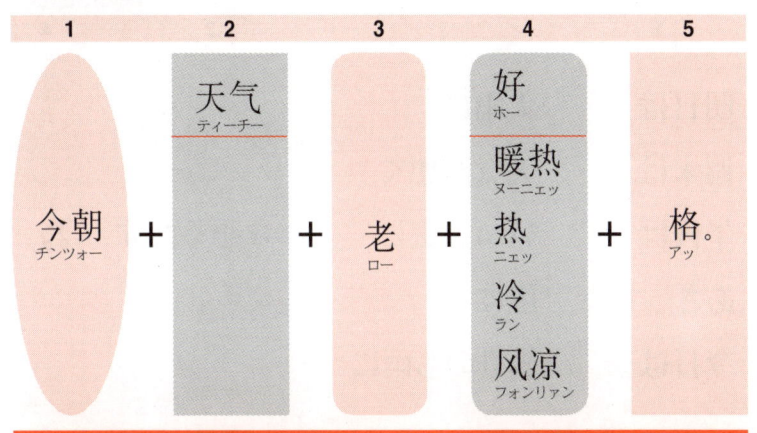

1		2		3		4		5
今朝 チンツォー	+	天气 ティーチー	+	老 ロー	+	好 ホー 暖热 ヌーニェッ 热 ニェッ 冷 ラン 风凉 フォンリャン	+	格。 アッ

mini 会話

A：今日は、天気がいいですね。　　今朝 天气 老 好格。
　　　　　　　　　　　　　　　　　チンツォー ティーチー ロー ホーアッ
　　気持ちがいいです。　　　　　　老 适意格。
　　　　　　　　　　　　　　　　　ロー サッイーアッ
B：明日の天気はどうなんでしょう。 勿 晓得 明朝 会 哪能?
　　　　　　　　　　　　　　　　　ヴァッ シオタッ ミンツォー ウエー ナーネン
A：雨だそうです。嫌ですね。　　　有 可能 要 落雨。真 讨厌啊。
　　　　　　　　　　　　　　　　　イオウ クーネン ィヨー ロッユィー ツェン トーイーア

Point　"天气"は、「空模様」だけでなく「天候・気候」全般を指し、"今朝 天气 老热格"（チンツォー ティーチー ローニェッアッ）「今日はとても暑い」、"上海 秋天格 天气 最好"（サンヘー チォウティーアッ ティーチー ツーホー）「上海は秋の気候が一番よい」のようにも使います。「本当に暑いなぁ！」「涼しいなぁ！」と感嘆して言う時は、"真 热啊！"（ツェン ニェッアー）、"真 风凉啊！"（ツェン フォンリャンアー）のように"真 ～啊"の文型を使います。

UNIT 65　天候の表現（2）

〜（な天気）になりそうですね。

1	3	2	4
明日は 週末は 午後は あさっては 今日は	大雨に 天気が悪く いい天気に 嵐に 曇りのち雨に	なりそうです	ね。

語句を覚えよう！

落大雨 ロッドゥーユィー	大雨（が降る）	天气预报 ティーチーユィーポー	天気予報
変天 ビーティー	天気が悪くなる	低气压 ティーチーアッ	低気圧
好天气 ホーティーチー	いい天気	高气压 コーチーアッ	高気圧
暴风雨 ポーフォンユィー	嵐	台风 デーフォン	台風
多云转雨 トゥーウィンツーユィー	曇りのち雨	晴 チン	晴天

UNIT 65
CD-65

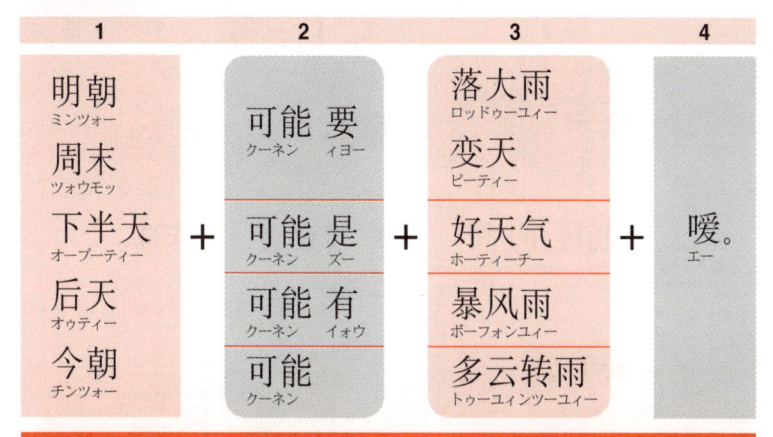

可能～ 暧。

1	2	3	4
明朝 ミンツォー	可能 要 クーネン ィヨー	落大雨 ロッドゥーユィー	
周末 ツォウモッ		变天 ピーティー	
下半天 オーブーティー	可能 是 クーネン ズー	好天气 ホーティーチー	暧。 エー
后天 オゥティー	可能 有 クーネン イォウ	暴风雨 ポーフォンユィー	
今朝 チンツォー	可能 クーネン	多云转雨 トゥーユィンツーユィー	

mini 会話

A：明日は雨になりそうですね。
明朝 可能 要 落雨 暧。
ミンツォー クーネン ィヨー ロッユィー エー

B：嫌ですね。困ったな。
老 讨厌哦。哪能 办 啦？
ロー トーイーオゥ ナーネン ベー ラー

今週末はどうなんでしょう。
葛么，周末 天气 哪能啊？
カッマッ ツォウモッ ティーチー ナーネンア

A：天気予報によれば、いい天気だそうです。
天气预报 讲 天气 老 好格。
ティーチーユィーポー カン ティーチー ロー ホーアッ

Point 「天気が～になりそうだ」と言う時は、"可能 ～"（クーネン）または"会 ～"（ウエー）を使います。予測を表す言葉としては、他に"肯定"（ケンディン）「きっと」、"大概"（ダーケー）「多分」などがありますが、これらは"可能"「～になりそう」と一緒に使うことはできません。

UNIT 66
CD-66

■ 程度・状態の表現
〜すぎます。

| 2 | 1 | 3 |

| 大き
小さ
(値段が)高
遠
豪華 | すぎ | ます。 |

語句を覚えよう！

大 _{ドゥー}	大きい	旧 _{チォウ}	古い
小 _{シオー}	小さい	新 _{シン}	新しい
贵 _{チュィー}	(価格が)高い	挑 _{ティオー}	派手(な)
远 _{ユィー}	遠い	素 _{スー}	地味(な)
豪华 _{オーオー}	豪華(な)	近 _{チン}	近い

UNIT 66
CD-66

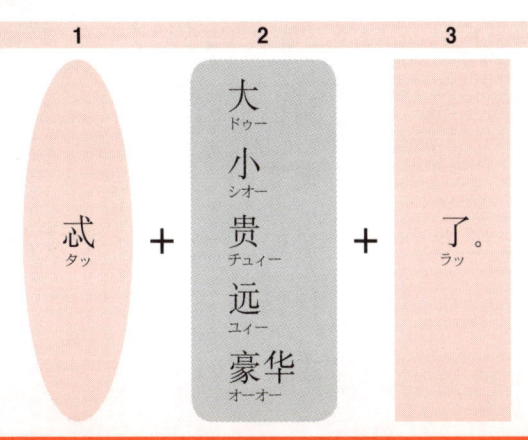

太 ～了。

1: 太 (タッ)

2: 大 (ドゥー) / 小 (シオー) / 贵 (チュィー) / 远 (ユィー) / 豪华 (オーオー)

3: 了。(ラッ)

mini 会話

A：これはいかがですか。
　这个 哪能啊？
　ガッアッ ナーネンア

B：高すぎますよ。お金がありません。
　太 贵了。没 介许多 钞票。
　タッ チュィーラッ マッ カーシュィートゥー ツォービオー

A：では、これは？
　葛么，这个呢？
　カッマッ ガッアッナッ

B：派手すぎるわ。
　太 挑了。
　タッ ティオーラッ

Point

"太 ～了"（タッ ～ラッ）で「とても～だ、～すぎる」という意味になります。この表現はよい意味にも悪い意味にも用いられます。けれども文末の"了"を省略すると、悪い意味の時しか用いることができません。例えば、「太 大」（タッ ドゥー）は「大きすぎる」という悪い意味になります。また、よい意味の例としては、"太 漂亮了"（タッ ピオーリャンラッ）「とてもきれいです」という言い方があります。

UNIT 67 ■ 風味の表現
（味が）とても〜ですね。

1	2	3
とても	おいしい / まずい / 辛い / 甘い / すっぱい	ですね。

語句を覚えよう！

好吃 ホーチェッ	おいしい	老 ロー	とても
难吃 ネーチェッ	まずい	苦 クー	苦い
辣 ラッ	辛い	咸 エー	塩辛い
甜 ディー	甘い	冷 ラン	冷たい
酸 スー	すっぱい	热 ニェッ	熱い

UNIT 67
CD-67

真 〜啊！

1	2	3

真
ツェン

＋

好吃 ホーチェッ
难吃 ネーチェッ
辣 ラッ
甜 ディー
酸 スー

＋

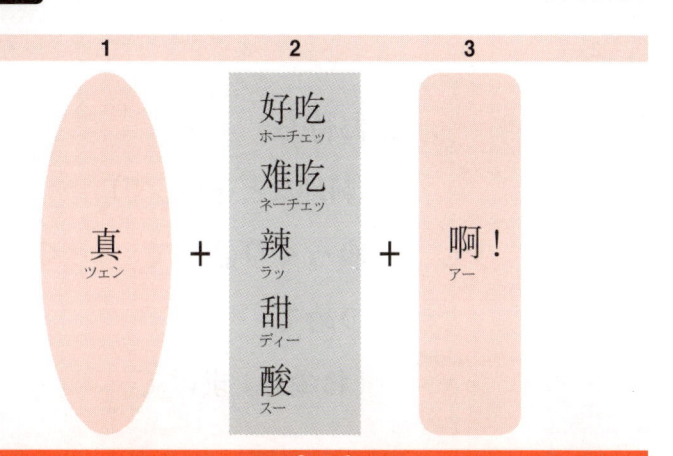

啊！
アー

mini 会話

A：すごくおいしいですね！
真 好吃啊！
ツェン ホーチェッアー

B：よかった。たくさん召し上がってください。
忒 好了。侬 多 吃眼哦。
タッ ホーラッ ノン トゥー チェッンゲーヴァッ

A：ありがとうございます。
谢谢。
シアジア

Point 上海語の"味道"（ミードー）は「味」の他に、「匂い」という意味もあります。「よい香り」は"香味道"（シャンミードー）と言いますが、この場合は「舌で感じる味」の意味はありません。また、"闻一闻"（メンイェッメン）「ちょっと嗅いでみる」のように、「匂いを嗅ぐ」時は"闻"を使います。

UNIT 68
CD-68

● 要求・お願いの表現

もう少し～してください。

| 2 | 4 | 3 | 1 |

| もう | 少し | お待ち
(料理などを足して)
ゆっくり話して
つめて
(お金を)まけて | ください。 |

語句を覚えよう！

等 テン	待つ	再 ツェー	更に
加 カー	加える 足す	快 クアー	速い
慢 メー	ゆっくり	讲 カン	話す
靠紧 コーチン	つめる	一歇 イェッシェッ	少し(時間)
便宜 ピーニー	(価格が)安い	一眼／一点 イェッゲー　イェッティー	少し (量、一般的に)

150

UNIT 68 请 再 ～ 一眼。
CD-68

1	2	3	4

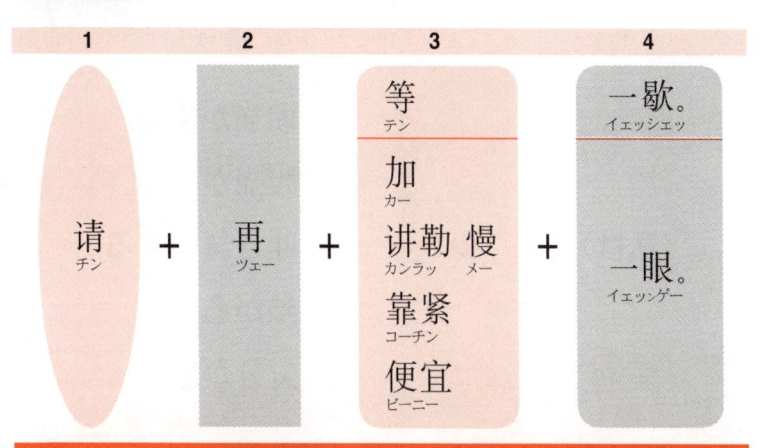

```
          等
          テン
          加
          カー
请   +  再  +  讲勒   慢  +  一歇。
チン    ツェー  カンラッ  メー   イェッシェッ
          靠紧         一眼。
          コーチン      イェンゲー
          便宜
          ビーニー
```

mini 会話

A：もう少しゆっくり話してください。　　请 再 讲勒 慢 一眼。
チン ツェー カンラッ メー イェンゲー

B：わかりました。この位ならどうですか。　　晓得了。我 㧑能 讲 哪能啊？
シオータッラッ ンゴー ガネン カン ナーネンア

A：大体わかります。　　基本上 听得懂。
チーベンザン ティンタットン

Point 程度や量について「少し」と言う時は、"一眼"（イェンゲー）または"一点"（イェッティー）、時間については"一歇"（イェッシェッ）を用います。またここで"再"（ツェー）は「再度」ではなく、"一眼"、"一点"などとセットになって「更に、もっと」の意味で使われます。"稍微"（ソーウエー）「いくらか、やや」に換えても同じ意味です。

UNIT 69　■病状の表現
CD-69
（私は）少し〜がする。

1	2	3
（私は）	少し	頭痛がする。 腹痛がする。 吐き気がする。 熱がある。 気分が悪い。

語句を覚えよう！

头痛 ドゥウトン	頭痛	有眼 イォウンゲー	少し〜だ
肚皮痛 ドゥービー トン	腹痛	牙子痛 ンガーツー トン	歯が痛い
恶心 オッシン	吐き気	腰痛 ィヨートン	腰が痛い
发寒热 ファッ ウーニェッ	熱がある	肚皮惹 ドゥービー ザー	下痢をする
勿适意 ヴァッサッィー	気分が悪い	受伤 ゾゥサン	けがをする

UNIT 69　我 有眼 〜。
CD-69

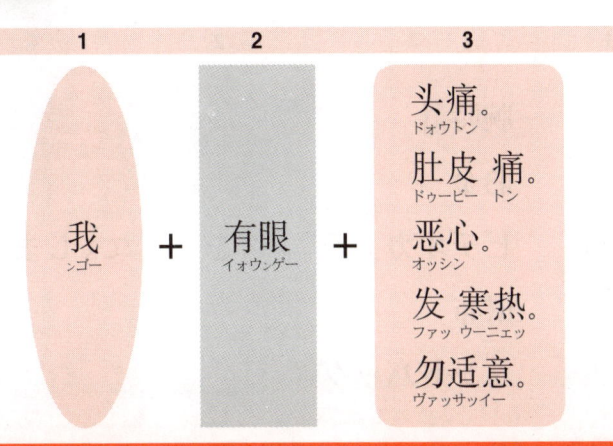

1	2	3
我 ンゴー	+ 有眼 イォウンゲー	+ 头痛。ドゥトン 肚皮 痛。ドゥーピー トン 恶心。オッシン 发 寒热。ファッ ウーニェッ 勿适意。ヴァッサツィー

mini 会話

A：どうしましたか。
侬 哪能了？
ノン ナーネンラッ

B：ちょっと頭痛がします。
我 有眼 头痛。
ンゴー イォウンゲー ドウトン

　風邪をひいたようです。
好像 感冒了。
ホージャン クーモーラッ

A：医者に診てもらった方がいいですよ。
侬 最好 去 看医生。
ノン ツーホー チー クーイーサン

Point　"我 有眼 头痛"（ンゴー イォウンゲー ドウトン）「ちょっと頭が痛いです」、"我 有眼 恶心"（ンゴー イォウンゲー オッシン）「ちょっと吐き気がします」のように、「ちょっと〜だ」と言いたい時は、症状を表す語の前に"有眼"（イォウンゲー）を置きます。同じ「少し」でも"有眼"は、"一眼"や"一点"（→ UNIT68 参照）と異なり、あまり望ましくないことについて用いられます。

UNIT 70
CD-70
■ 物を紛失した時
私は〜をなくしました。

1	3	2	4
私は	腕時計 お金 ビデオカメラ 財布 ハンドバッグ	を	なくしました。

語句を覚えよう！

手表 ソゥビォー	腕時計	拿〜 ネー	〜を
钞票 ツォービォー	お金	戒指 カーツー	指輪
摄像机 サッジャンチー	ビデオカメラ	耳环 アルグエ	イヤリング
皮夹子 ピーカッツー	財布	机票 チーピォー	航空券
包 ポー	ハンドバッグ	护照 ウーツォー	パスポート

UNIT 70
CD-70

我 拿 ～ 落脱了。

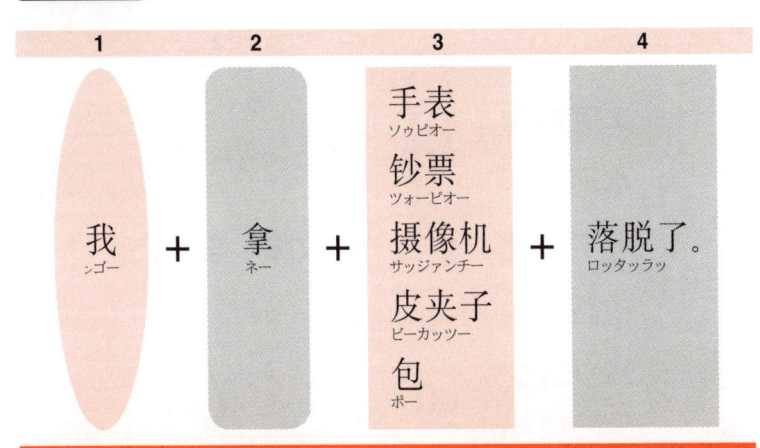

1	2	3	4
我 ンゴー	拿 ネー	手表 ソゥピオー 钞票 ツォーピオー 摄像机 サッジァンチー 皮夹子 ビーカッツー 包 ボー	落脱了。 ロッタッラッ

mini 会話

A：財布をなくしました。　　我 拿 皮夹子 落脱了。
　　　　　　　　　　　　　　ンゴー ネー ビーカッツー ロッタッラッ

B：どこでなくしましたか。　勒 阿里 落脱格？
　　　　　　　　　　　　　　ラッ アーリー ロッタッアッ

A：わかりません。　　　　　勿晓得。
　　　　　　　　　　　　　　ヴァッシオタッ

B：では、この紛失証明書に　葛么，请 填一填 辧张
　　　　　　　　　　　　　　カッマッ　チン ディーェッディー ガッツァン
　　記入してください。　　　遗失物品表。
　　　　　　　　　　　　　　イーサッヴァッピンピオー

Point 日本語の文が「主語＋目的語＋動詞」の順番になるのに対して、上海語は普通「主語＋動詞＋目的語」の語順になっています。この UNIT の文のように、目的語を動詞の前に持ってくる時は"拿"(ネー)を目的語の前につけて、「主語＋"拿"＋目的語＋動詞」のようにします。

UNIT 71 〜が故障しました。
CD-71

● 物が故障した時

1		2
エアコン 水道 ドアの鍵 電話 パソコン	が	故障しました。

語句を覚えよう！

空调 コンディオ	エアコン	坏脱了 ゥワータッラッ	壊れた
自来水管 ズーレースークー	水道管	出 毛病了 ツァッ モービンラッ	壊れた (調子が悪くなった)
房门锁 ヴァンメンスー	ドアの鍵	电梯 ディーティー	エレベーター
电话 ディーオー	電話	淋浴 リンイョッ	シャワー
电脑 ディーノー	パソコン	厕所 ツースー	トイレ

UNIT 71
CD-71

～坏脱了。

| 1 | 2 |

空调
コンディオ

自来水管
ズーレースークー

房门锁
ヴァンメンスー

电话
ディーオー

电脑
ディーノー

＋

坏脱了。
ゥワータッラッ

mini 会話

A：エアコンが故障しました。
　　調べてください。

空调 坏脱了。
コンディオ ゥワータッラッ
请 检查检查。
チン チーゾーチーゾー

B：わかりました。
　　すぐそちらへ行きます。

晓得了，马上 过去。
シオータッラッ モーザン クーチー

Point "～坏脱了"（ゥワータッラッ）は、単にその物が壊れたことを伝える表現で、自分が壊してしまった場合は、"拿"（ネー）「～を」を用いて（→ UNIT70参照）、"我 拿 ～ 弄坏脱了"（ンゴー ネー ～ ロンゥワータッラッ）「私は～を壊してしまいました」という言い方をします。また、「～の調子が悪くなった」は、"～ 出 毛病了"（ツァッ モービンラッ）と言います。

UNIT 72　● 感謝の表現
CD-72

〜をありがとうございます。

2	1
（あなたから）食事をご馳走になり 協力していただき ご招待にあずかり お手伝いいただき 助けてくださり	ありがとうございます。

語句を覚えよう！

款待 クーデー	食事を 　ご馳走する	热情 ニェッジン	親切だ
合作 アッツォッ	協力する	来信 レーシン	手紙をくれる
邀请 ィヨーチン	招待する	帮做翻译 パン ツー フェーイェッ	通訳して 　くれる
帮忙 パンマン	手伝う	搭我打电话 タッ ゴー タン ディーオー	（私に）電話 してくれる
帮助 パンズー	助ける	搭我指南 タッ ゴー ツーヌー	（私に）案内 してくれる

UNIT 72　谢谢 〜。
CD-72

1	2
谢谢 シアジア +	侬格 ノンアッ	款待。クーデー 合作。アッツォッ 邀请。イヨーチン 帮忙。バンマン 帮助。バンズー

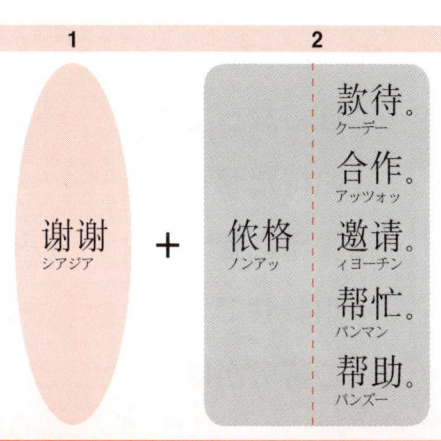

mini 会話

A：食事をご馳走になり、
　　ありがとうございます。

谢谢 侬格 款待。
シアジア ノンアッ クーデー

B：いいえ、どういたしまして。
　　また、いらしてください。

啥格闲话呢，勿客气。
サーアッエーオーナッ ヴィヨーカッチー
欢迎 侬 再来。
フーニン ノン ツェーレー

> **Point**　"谢谢 〜"（シアジア）はやや口語的な言い方で、改まった挨拶などでは、"我 对 俪格 热情款待 表示 感谢"（ンゴーテー ナーアッニェッジンクーデー ピオーズー クージアー）「（あなた方の）温かいおもてなしに感謝致します」のように"对 〜 表示 感谢"（テー 〜 ピオーズー クージアー）の文型がよく用いられます。また、感謝の度合いを表すには、"交关 感谢"（チオクエ クージアー）「とても感謝している」、"衷心 感谢"（ツォンシン クージアー）「心から感謝している」、口語の場合は"忒 谢谢了"（タッ シアジアラッ）「本当にありがとうございます」などの言い方があります。

159

UNIT 73
CD-73

■ お詫びの表現

～してすみません。

2	3	1
（私は）	遅くなって お待たせして 失望させて 煩わせて ご苦労かけて	すみません。

語句を覚えよう！

来晏／迟到 レーエー　ズートー	遅れる	让 〜 受惊 ニァン　ゾゥチン	〜を驚かせる
让 〜 久等 ニァン　チョウテン	〜を待たせる	吹牛皮 ツーニォウピー	嘘を言う
让 〜 失望 ニァン　サッワン	〜を 失望させる	让 〜 失望 ニァン　サッワン	〜をがっかり させる
麻烦 〜 モーヴェー	〜を煩わせる	没办法 满足 マッペーファッ　ムーツォッ 　　依格 要求 　　ノンアッ　イヨーチョウ	ご希望に そえなくて
让 〜 辛苦 ニァン　シンクー	〜に 苦労をかける	长远 勿见 サンユィー　ヴァッチー	ご無沙汰して

160

UNIT 73
CD-73

对勿起 ～。

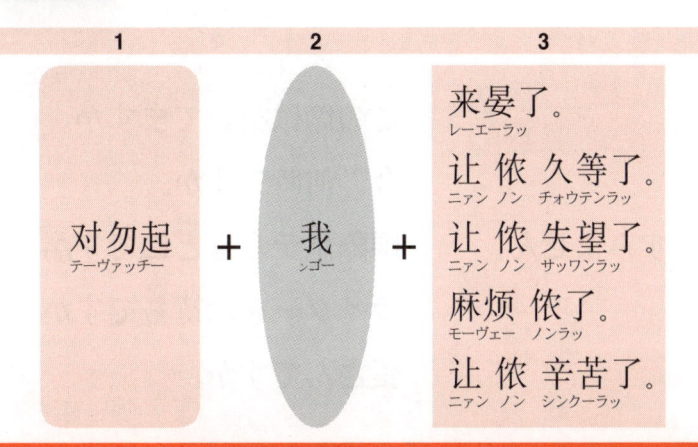

1	2	3
对勿起 テーヴァッチー	我 ンゴー	来晏了。 レーエーラッ 让侬久等了。 ニァンノン チョウテンラッ 让侬失望了。 ニァンノン サッワンラッ 麻烦侬了。 モーヴェー ノンラッ 让侬辛苦了。 ニァンノン シンクーラッ

mini 会話

A：遅くなってすみません。　　对勿起，我 来晏了，
　　　　　　　　　　　　　　テーヴァッチー ンゴー レーエーラッ
　　今日は道路が混んでいて。　今朝 路朗 老 轧格。
　　　　　　　　　　　　　　チンツォー ルーラン ロー ガッアッ

B：いいえ、大丈夫ですよ。　　勿要紧格，还 来得及。
　　まだ間に合いますから。　　ヴィヨーチンアッ エー レータッジェッ

Point　"对勿起"（テーヴァッチー）は日本語の「すみません」と同程度の、軽いお詫びの気持ちを表す語で，より深い謝罪を表す表現としては、"老 对勿起格"（ロー テーヴァッチーアッ）「本当にすみません」、"交关 抱歉"（チオクエ ボーチン）「本当に申し訳ありません」などがあります。"让侬 ～了"（ニァンノン ～ラッ）は本来「あなたを～させてしまった」という意味ですが、「～させてしまってすみません」の意味でも用いられます。

UNIT 74 — 丁寧に尋ねる時
CD-74

すみません、〜ですか。

1	2
すみません、	この席は空いてますか。 今、何時ですか。 国際ホテルはどこですか。 ライターをお持ちですか。 張さんですか。

語句を覚えよう！

辫只 位子 ガッツァッ ウエーツー	この席	张先生 ツァンシーサン	張さん (男性)
空勒海 コンラッヘー	空いている	张女士 ツァンニュィーズー	張さん (女性)
几点钟 チーティーツォン	何時	张小姐 ツァンシオーチアー	張さん (若い女性)
饭店 ヴェーティー	ホテル	占用 ツーィヨン	ふさがって いる
打火机 タンフーチー	ライター	预订 ユィーティン	予約

UNIT 74 — 对勿起，～？

1

对勿起、
テーヴァッチー

+

2

觰只 位子 空勒海哦？
ガッツァッ ウエーツー コンラッヘーヴァッ

现在 几点钟了？
イーゼー チーティーツォンラッ

国际饭店 勒 啥地方？
コッチーヴェーティー ラッ サーディーファン

侬 有 打火机哦？
ノン イオウ タンフーチーヴァッ

侬 是 张先生哦？
ノン ズー ツァンシーサンヴァッ

mini 会話

A：すみません。この席は空いてますか。
対勿起，觰只 位子 空勒海哦？
テーヴァッチー ガッツァッ ウエーツー コンラッヘーヴァッ

B：空いていますよ。どうぞ。
空勒海，请 坐。
コンラッヘー チン ズー

A：ああ、よかった。ありがとうございます。
忒 好了。谢谢 侬。
タッ ホーラッ シアジア ノン

Point

"对勿起"（テーヴァッチー）は本来、詫びる気持ちを表す言葉ですが、最近は日本語の「すみません」と同様に、呼びかけとしても用いられます。何かを尋ねる時は"对勿起"や、"先生（シーサン）→男性に"、"小姐（シオーチアー）→若い女性に"、"师傅（スーヴー）→運転手などに"といった相手への呼びかけに続けて、"请问"（チンメン）「お尋ねしますが」と言うのが一般的です。

UNIT 75 CD-75

■ 挨拶の伝言

～によろしく。

1	3	2	4
どうぞ	ご家族の皆様 奥様 ご両親 部長さん 李先生	に	よろしく お伝えください。

語句を覚えよう！

屋里人 オッリーニン	家族	大家 ダーカー	皆様
太太／夫人 ターター　フーニン	奥様	科长 クーツァン	課長
爸爸姆妈 パーパームーマー	両親	上司 ザンスー	上司
处长／部长 ツーツァン　ブーツァン	部長	朋友 パンイォウ	友達
先生／老师 シーサン　ロースー	先生	男朋友 ヌーパンイォウ 女朋友 ニュィーパンイォウ	彼氏 彼女

UNIT 75 请 向 ～ 问好。
CD-75

1	2	3	4
请 チン	向 シァン	侬 屋里人 ノン オッリーニン 侬 太太 ノン ターター 侬 爸爸姆妈 ノン パーパームーマー 处长 ツーツァン 李老师 リーロースー	问好。 メンホー

mini 会話

A：ご家族の皆様によろしく
お伝えください。

请 向 侬 屋里人 问好。
チン シァン ノン オッリーニン メンホー

B：わかりました。伝えます。
近いうちにまた会えること
を楽しみにしております。

晓得了, 一定。我 希望
シオータッ ラッ イェッディン ンゴー シーゥワン
勿久 再 见到 侬。
ヴァッチョウ ツェー チートー ノン

Point 「～によろしく」は、"请 向 ～ 问好"(チン シァン ～ メンホー) または"请 问 ～ 好"(チン メン ～ ホー) と言います。また、"侬 爸爸姆妈"(ノン パーパームーマー)「あなたのご両親」、"侬 夫人"(ノン フーニン)「あなたの奥さん」のように親族を言う時や、"阿拉 公司"(アッラッ コンスー)「私たちの会社」、"倻 大学"(ナー ダーオッ)「あなたたちの大学」のように所属している機関・組織を言う時は、「～の」に当たる"格"(アッ) は言わないのが普通です。ちなみに中国語の"部长"は「大臣」の意味で、日本語の「部長」に相当するのは"处长"です。でも日本の会社の部長に関しては"部长"をそのまま用いることもあります。

UNIT 76 CD-76　■ 勧める時の表現
どうぞ〜してください。

1　　　　　　　2　　　　　　　3

どうぞ

召し上がって
お入り
おくつろぎ
ここでお待ち
お受け取り

ください。

語句を覚えよう！

吃 チェッ	食べる	告诉 コースー	教える
进来 チンレー	入って来る	立 リェッ	立つ
随便 一眼 スービー イェッンゲー	くつろいで	坐 ズー	座る
等 テン	待つ	先走 シーツォウ	先に行く
接受 チェッゾゥ	受け取る	打电话 タン ディーオー	電話する

UNIT 76 请 ～。
CD-76

チン

1+3	2
请 チン	吃哦。 チェヴァッ 进来。 チンレー 随便 一眼。 スービー イェッンゲー 勒 辦搭 等 一歇。 ラッ ガッタッ テン イェッシェッ 接受。 チェッゾゥ

mini 会話

A：どうぞ召し上がってください。ご遠慮なく。
请 吃哦，勿客气。
チン チェヴァッ ヴィヨーカッチー

B：ありがとう、とてもおいしいです。
谢谢，老 好吃格。
シアジア ロー ホーチェアッ

Point "请"(チン)は1語だけでも使うことができ、椅子を指して"请！"と言えば「どうぞおかけください」、お茶を出して"请！"と言えばそれだけで「どうぞお飲みください」の意味になります。また、"请 吃哦"(チン チェヴァッ)「どうぞお召し上がりください」のように、文末に勧誘の語気を表す"哦"を加えると、より自然な口調になります。

UNIT 77
CD-77

■ 目的語が2つある文

彼／彼女に〜をします。

1	2	3
（私は）	彼／彼女に	手紙を書きます。 状況を説明します。 電話をかけます。
	彼／彼女の	通訳をします。 手伝いをします。

語句を覚えよう！

写信 シアーシン	手紙を書く	情况 ジンクァン	状況
介绍 チアーゾー	紹介する （説明する）	当 タン	担当する
打电话 タン ディーオー	電話をかける	告诉 コースー	教える
翻译 フェーイェッ	通訳（翻訳）	烧饭 ソー ヴェー	食事をつくる
帮忙 バン マン	手伝う	打扫〜 タンソー	〜の 掃除をする

168

UNIT 77
CD-77

我 搭 伊 ～。

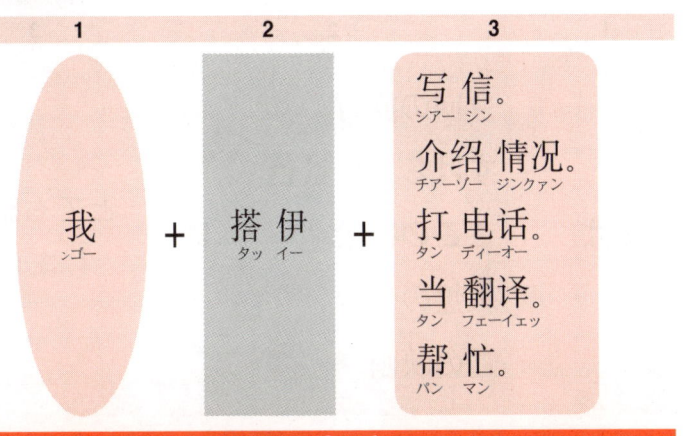

1	2	3

我
ンゴー

+

搭 伊
タッ イー

+

写 信。
シアー シン

介绍 情况。
チアーゾー ジンクァン

打 电话。
タン ディーオー

当 翻译。
タン フェーイェッ

帮 忙。
バン マン

mini 会話

A：明日、彼は来ますか。　　明朝 伊 会 来哦?
　　　　　　　　　　　　　ミンツォ イー ウエー レーヴァッ

B：ちょっと待ってください。請 等一歇，我 现在 就
　　　　　　　　　　　　　チン テンイェッシェッ ンゴー イーゼー チォウ

　　今、彼に電話してみます。搭 伊 打 电话。
　　　　　　　　　　　　　タッ イー タン ディーオー
　　⋮
B：彼は会社を休むそうです。伊 讲 伊 明朝 请假。
　　　　　　　　　　　　　イー カン イー ミンツォー チンカー

Point 動作の対象を表す語には、"向 伊 提 意见"（シァン イー ディー イーチー）「彼に意見を言う」のように、動作の方向を表す"向（シァン）「～に」、"对 伊 笑笑"（テー イー シオーシオー）「彼女に向かって笑いかけた」のように「～に対して」の意で用いられる"对"(テー)、"为 大家 劳动"（ウエー ダーカーロードン）「みんなのために働く」のように「～のために」の意味で用いられる"为"（ウエー）などがあります。

UNIT 78 — 感動の表現
〜にとても感動しました。

1	2		3
（私は）	今回の旅行 すばらしい景色 ここの夜景 敦煌（トンコウ）の仏像 この映画	に	とても感動しました。

語句を覚えよう！

旅行 リュィーイン	旅行	陶瓷品 ドーズーピン	陶芸品
景色 チンサッ	景色	建筑物 チーツォッヴァッ	建築物
夜景 イヤーチン	夜景	美术品 メーザッピン	美術品
佛像 ヴォッジァン	仏像	绘画 ウエーオー	絵画
电影 ディーイン	映画	艺术 ニーザッ	芸術

UNIT 78
CD-78

～让我老感动格。

2	1+3
玠趟 旅行 ガッタン　リュィーイン 玠 奇异格 景色 ガッ　デーイーアッ　チンサッ 玠搭格 夜景 ガッタッアッ　イヤーチン 敦煌格 佛像 テンゥワンアッ　ヴォッジャン 玠部 电影 ガップー　ディーイン	+ 让 我 老 感动格。 ニァン ンゴー ロー　クードンアッ

mini 会話

A：黄山(コウザン)はいかがでしたか。　黄山 哪能啊？
　　　　　　　　　　　　　　　　　ゥワンセー ナーネンア

B：すばらしい景色にとても　　　　奇异格 景色 让 我 老 感动格。
　　感動しました。　　　　　　　　デーイーアッ チンサッ ニァン ンゴー ロー クードンアッ

A：それはよかったですね。　　　　忒 好了。
　　　　　　　　　　　　　　　　　タッ ホーラッ

Point　「感動しました」の意味の、"让 我 感动"（ニァン ンゴー クードン）は文語的なやや硬い表現で、他に"叫 我 感动"（チー ンゴー クードン）などの言い方もよく使われます。単に「とても感動しました！」ならば"我 老 感动格"（ンゴー ロー クードンアッ）、"我 交关 感动"（ンゴー チオクエ クードン）などと言います。

UNIT 79
CD-79

■ 喜びの表現

〜して嬉しく思います。

| 2 | 1 | 3 |

（私は） 　お会いできて
　　　　　それを聞いて
　　　　　お電話いただいて　　嬉しく
　　　　　ご一緒できて　　　　　思います。
　　　　　気に入っていただいて

語句を覚えよう！

好〜／可以〜 ホー　クーイー	〜できる	看到 クートー	会う 会える
听到 ティントー	聞く 耳にする	收到 来信 ソットー レーシン	手紙を 　受け取る
接到 电话 チェットー ディーオー	電話をもらう	成功 ゼンコン	成功する
一道 イェッドー	一緒に	順利 ゼンリー	順調だ うまくいく
欢喜 フーシー	好きだ 気に入る	就职 チョウツァッ	就職する

172

UNIT 79
CD-79

～ 我 老 开心格。

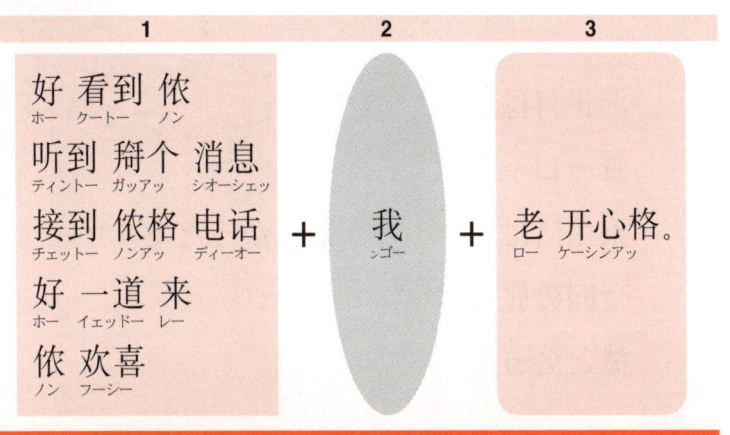

1	2	3
好 看到 侬 ホー クートー ノン 听到 辙个 消息 ティントー ガッアッ シオーシェッ 接到 侬格 电话 チェットー ノンアッ ディーオー 好 一道 来 ホー イェッドー レー 侬 欢喜 ノン フーシー	我 ンゴー	老 开心格。 ロー ケーシンアッ

mini 会話

A：お会いできて嬉しく思います。 好 看到 侬, 我 老 开心格。
　　　　　　　　　　　　　　　　　ホー クートー ノン　ンゴー ロー ケーシンアッ

B：お久しぶりです。お変わり　　　长远 勿见了。侬 辙腔 好 哦？
　　　ありませんか。　　　　　　　サンユィー ヴァッチーラッ　ノン ガッチァン ホー ヴァッ

A：ええ、元気です。　　　　　　嗯，蛮好格。
　　　　　　　　　　　　　　　　　ンー　メーホーアッ

Point "～ 我 老 开心格" は、英語の "I'm glad to ～" に相当する表現で、初対面の相手とはしばしば "认得 侬 我 老 开心格"（ニンタッ ノン ンゴー ロー ケーシンアッ）「お知り合いになれて嬉しいです」のように挨拶を交わします。また、相手が地位のある人や有名人である場合は、"见到 侬 我 老 荣幸格"（チートー ノン ンゴー ロー ィヨンシンアッ）「お会いできて光栄です」のように言うこともあります。

UNIT 80 CD-80
■ 感想を聞く
～は楽しかったですか。

1
お正月は
ヨーロッパは
寮生活は
今回の旅行は
彼と会って

2
楽しかったですか。

語句を覚えよう！

春节／新年 ツェンチェッ シンニー	お正月	谈 デー	話す (語り合う)
欧洲 オゥツォウ	ヨーロッパ	大学 ダーオッ	大学
住读 生活 ズードッ センウァッ	寮生活	临时工 リンズーコン	アルバイト
旅行 リュィーイン	旅行	结婚 生活 チェッフン センウァッ	結婚生活
见面 チーミー	会う	单身 生活 テーセン センウァッ	独身生活

UNIT 80
CD-80

过得 开心哦？

1	2
春节 ツェンチェッ 勒 欧洲 ラッ オゥツォウ 住读 生活 ズードッ センウァッ 辣趟 旅行 ガッタン リュィーイン 搭 伊 见面 タッ イー チーミー	过得 开心哦？ クータッ ケーシンヴァッ

mini 会話

A：お正月は楽しかったですか。 春节 过得 开心哦？
ツェンチェッ クータッ ケーシンヴァッ

B：すごく楽しかったです。 过得 老 开心格。
クータッ ロー ケーシンアッ

10日間のヨーロッパ旅行に 我 去 欧洲 旅行了 十天。
行ってきました。 ンゴー チー オゥツォウ リュィーインラッ サッティー

Point "～得…"（タッ）はもともと「～の仕方が…だ」という動作の状態・結果などを説明する言葉で、これを使って「楽しく過ごした」は"过得 老 开心格"（クータッ ロー ケーシンアッ）、「楽しく遊んだ」は"白相得 老 开心格"（バッシァンタッ ロー ケーシンアッ）と言うことができます。なお、上海語では"得"の他に、"勒"（ラッ）も使えます。"阿拉 过勒 老 开心格"（アッラッ クーラッ ロー クーシンアッ）は「私たちはとても楽しく過ごしています（過ごしました）」という意味になります。

UNIT 81 CD-81 ● 経験の聞き方
〜は初めてですか。

1	3		2	4
(あなたは)	中国に来る 京都に行く 新幹線に乗る 海外旅行に行く 飛行機に乗る	のは	初めて です	か。

語句を覚えよう！

中国 ツォンコッ	中国	第一趟 ディーイェッタン	初めて
京都 チントゥー	京都	第二趟 ディーニータン	2度目
新干线 シンクーシー	新幹線	第三趟 ディーセータン	3度目
出国旅行 ツァッコッリュィーイン	海外旅行	好几趟 ホーチータン	何度も
飞机 フィーチー	飛行機	每年 メーニー	毎年

UNIT 81
CD-81

是 第一趟 ～哦？

1	2	3	4

侬
ノン

＋

是 第一趟
ズー ディーイェッタン

＋

来 中国
レー ツォンコッ

去 京都
チー チントゥー

乘 新干线
ツェン シンクーシー

去 出国旅行
チー ツァッコッリュィーイン

乘 飞机
ツェン フィーチー

＋

哦？
ヴァッ

mini 会話

A：中国は初めてですか。
侬 是 第一趟 来 中国哦？
ノン ズー ディーイェッタン レー ツォンコッヴァッ

B：いいえ、今回で2度目です。
勿是格, 辯是 第二趟。
ヴァッズーアッ ガッズー ディーニータン

A：前回と比べて、どうですか。
搭 上趟 比, 哪能啊？
タッ サンタン ビー ナーネンア

B：ものすごい変わりようで
びっくりしました。
变化 老 大 格, 我 老 吃惊格。
ピーホー ロー ドゥーアッ ンゴー ロー チェッチンアッ

Point "是 第一趟 ～哦？"の構文は、"侬 是 第一趟 去 京都哦？"（ノン ズー ディーイェッタン チー チントゥーヴァッ）「京都は初めてでしたか」のような、過去について尋ねる時にも使えます。また、「何度目ですか」と聞く時は、"第几趟？"（ディーチータン）「何度目？」を使い、"侬 是 第几趟 乘 新干线？"（ノン ズー ディーチータン ツェン シンクーシー）「新幹線に乗るのは何度目ですか」のように言います。この場合、文中に"第几趟"（ディーチータン）の"几"（チー）「何（回）、いくつ」が入っているので、疑問文でも文末の"哦"（ヴァッ）はいりません。

UNIT 82 / CD-82 ● 比較の表現
AはBより〜だ。

1	3	2	4
彼女は	妹	より	背が高い。 痩せている。 聡明だ。 きれいだ。 物わかりがよい。

語句を覚えよう！

高 コー	背が高い	矮 アー	背が低い
痩 ソウ	痩せている	妹妹 メーメー	妹
聡明 ツォンミン	聡明だ	弟弟 ディーディー	弟
漂亮 ピオーリャン	きれいだ	哥哥 クークー	兄
懂 事体 トン ズーティー	物わかりがよい (聞きわけがよい)	姐姐 チアーチアー	姉

UNIT 82
CD-82

A 比 B～。

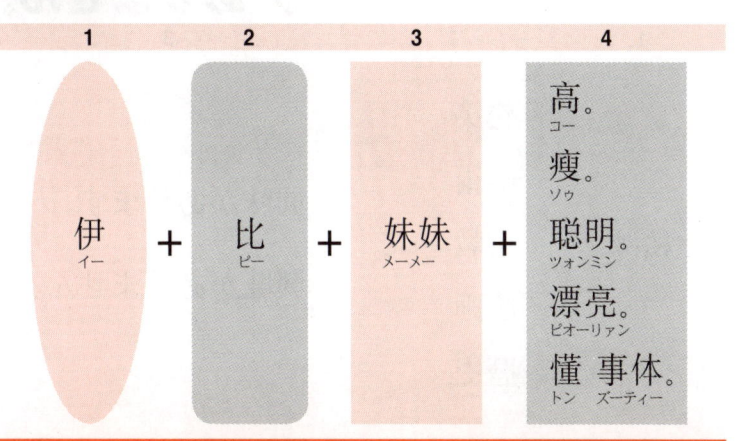

1	2	3	4
伊 イー	比 ピー	妹妹 メーメー	高。コー 瘦。ソゥ 聡明。ツォンミン 漂亮。ピオーリャン 懂 事体。トン ズーティー

mini 会話

A：この服とあの服とでは、どちらがいいですか。
瑞件 衣裳 搭 伊件 衣裳 比,
ガッヂー イーザン タッ イーヂー イーザン ピー
阿里 一件 好?
アーリー イェッヂー ホー

B：あの方がこれよりきれいだと思います。
我 覚着 伊件 比 瑞件 好看。
ンゴー コッザッ イーヂー ピー ガッヂー ホークー

Point 「AはBより～」という時の上海語は"A 比 B～"（A ピー B）と言い、「AはBほど～ではい」は"A 没 B～"（A マッ B）になります。比較の程度を言いたい時は、"今朝 比 昨日 更加 熱"（チンツォー ピー ソッニェッ ケンカー ニェッ）「今日は昨日よりもっと暑い」のように、様子を述べる語の前に"更加"（ケンカー）「更に」、"还"（エー）「もっと」、"稍微～一眼"（ソーウエー ～ イェッンゲー）「少し」などの語を置くことができます。

UNIT 83 CD-83

■ 興味の有無の言い方
私は～に興味があります／ありません。

1	2		3
私は	建築 美術 宗教 絵画 歴史	に	興味があります。 興味がありません。

語句を覚えよう！

建筑（物） チーツオッ(ヴァッ)	建築（物）	遗迹 イーチェッ	遺跡
美术 メーザッ	美術	艺术 ニーザッ	芸術
宗教 ツォンチオー	宗教	政治 ツェンツー	政治
绘画 ウエーオー	絵画	文学 ヴェンイャッ	文学
历史 リェッスー	歴史	古董 クートン	骨董品

UNIT 83
CD-83

我 对 ～ 感 兴 趣／勿 感 兴 趣。

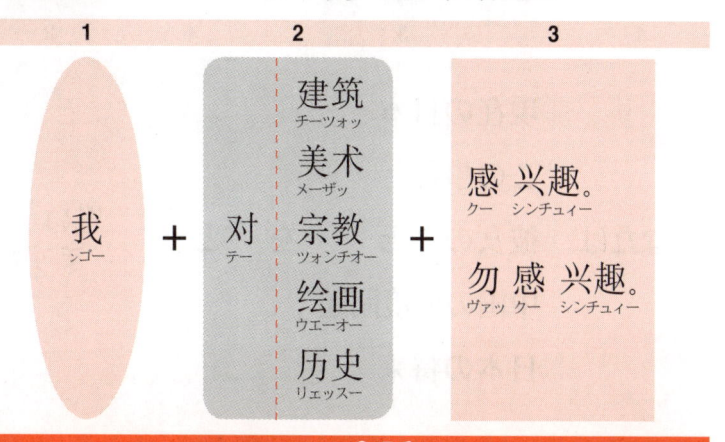

1		2		3
我 ンゴー	+	对 テー　建筑 チーツォッ／美术 メーザッ／宗教 ツォンチオー／绘画 ウエーオー／历史 リェッスー	+	感 兴趣。 クー シンチューイー／勿 感 兴趣。 ヴァッ クー シンチューイー

mini 会話

A：あなたは何に興味がありますか。
依 对 啥格 感 兴趣？
ノン テー サーアッ クー シンチューイー

B：私は、中国の美術に興味があります。
我 对 中国美术 感 兴趣。
ンゴー テー ツォンコッメーザッ クー シンチューイー

Point　「とても関心がある」は"老 感 兴趣格"（ロー クー シンチューイーアッ）、「余り関心がない」は"勿大 感 兴趣"（ヴァッダー クー シンチューイー）と言います。相手に興味の有無を尋ねる時は、"依 对 日本文学 感 兴趣哦？"（ノン テー サッペンヴェンイャック クー シンチューイーヴァッ）「あなたは日本文学に興味がありますか」、"依 对 足球 感勿 感 兴趣啊？"（ノン テー ツォッヂオウ クーヴァック— シンチューイーア）「あなたはサッカーに関心がありますか」のように聞きます。

UNIT 84
■ 相手に意見を聞く
あなたは〜をどう思いますか。

1	3		4	2
あなたは	現在の日本 この事件 彼女のこと 中国の環境問題 日本の将来	を	どう	思いますか。

語句を覚えよう！

現在格 日本 イーゼーアッ サッペン	現在の日本	未来 ヴィーレー	未来
舒趙格 事件 ガッタンアッ ズーチー	この事件	过去 クーチー	過去
伊 イー	彼 彼女	現在 イーゼー	今 現在
中国格 ツォンコッアッ 环境 問題 グエーチン ヴェンディー	中国の 環境問題	最近 ツーチン	最近
日本格 将来 サッペンアッ チャンレー	日本の将来	中日关系 ツォンザックエシー	日中関係

UNIT 84
CD-84
侬 认为 ～ 哪能啊?

1	2	3	4
侬 (ノン)	认为 (ニンウエー)	现在格 日本 (イーゼーアッ サッペン) 辖趟格 事件 (ガッタンアッ ズーチー) 伊 (イー) 中国格 环境 问题 (ツォンコッアッ グエーチン ヴェンディー) 日本格 将来 (サッペンアッ チャンレー)	哪能啊? (ナーネンア)

mini 会話

A：彼女のことをどう思いますか。
侬 认为 伊 哪能啊?
(ノン ニンウエー イー ナーネンア)

B：まじめな方だと思います。
我 觉着 伊 蛮 老实格。
(ンゴー コッザッ イー メー ローザッアッ)

A：日中関係の将来をどう思いますか。
侬 认为 中日关系格 将来 会 哪能啊?
(ノン ニンウエー ツォンザックエシーアッ チャンレー ウエー ナーネンア)

B：一層の友好関係を期待しております。
我 希望 进一步 加深 友好关系。
(ンゴー シーワン チンイェッブー カーセン イォウホークエシー)

Point　"认为"（ニンウエー）「思う」の代わりに"看"（クー）を用いて"侬 看 现在格 日本 哪能啊?"（ノン クー イーゼーアッ サッペン ナーネンア）「現在の日本をどう思いますか」と言っても同じ意味になります。"看"は"认为"よりやや口語的な表現です。他に"想"（シァン）や"觉着"（コッザッ）なども「～と思う」という意味で、よく使われます。

UNIT 85 CD-85 ● 別れの挨拶
〜をお祈りします。

1	3	2
（私は）	また来年来 またお会いし 今度は日本でお会いし	たいと思います。
（私は）	ご家族の健康 一層の日中友好 を	お祈りします。

語句を覚えよう！

希望 シーゥワン	思う 願う	中日 友好 ツォンザッ イオウホー	日中友好
祝 ツォッ	祈る	更上 一层楼 ケンザン イェッゼンロゥ	一層の 更なる
明年 再 来 ミンニー ツェーレー	来年来る	下趟 オータン	今度、次回
再 看到 依 ツェー クートー ノン	また会う	幸福 インフォッ	幸せ
身体 健康 センティー チーカン	健康	再会 ツェーウエー	再会する

UNIT 85
CD-85

我 希望／祝 ～。

1	2	3
我 ンゴー	希望 シーゥワン	明年 再 来。 ミンニー ツェー レー 再 看到 侬。 ツェー クートー ノン 下趟 勒 日本 再 看到 侬。 オータン ラッ サッペン ツェー クートー ノン
	祝 ツォッ	俉 全家 身体 健康。 ナー チューイーカー センティー チーカン 中日 友好 更上 一层楼。 ツォンザッ イオウホー ケンザン イェッゼンロウ

mini 会話

A：またお会いするのを楽しみ　　我 希望 下趟 再 看到 侬。
　　にしています。　　　　　　　ンゴー シーゥワン オータン ツェー クートー ノン

B：私も楽しみにしています。　　我 也 一样格。谢谢 侬。
　　ありがとうございました。　　ンゴー アー イェッィヤンアッ シアジア ノン

Point "希望"（シーゥワン）は日本語の「希望する」より軽く、「望む、～したいと思う」程度の意味です。より強い希望を表すには、"衷心 希望"（ツォンシン シーゥワン）「心から望む」、"盼"（プー）「待ち望む、相手に対し心から切に望む」などが用いられ、例えば、"我 盼 侬 早眼 回来"（ンゴー プー ノン ツォーンゲー ウエーレー）「あなたが早く帰って来るよう望みます」のように使います。

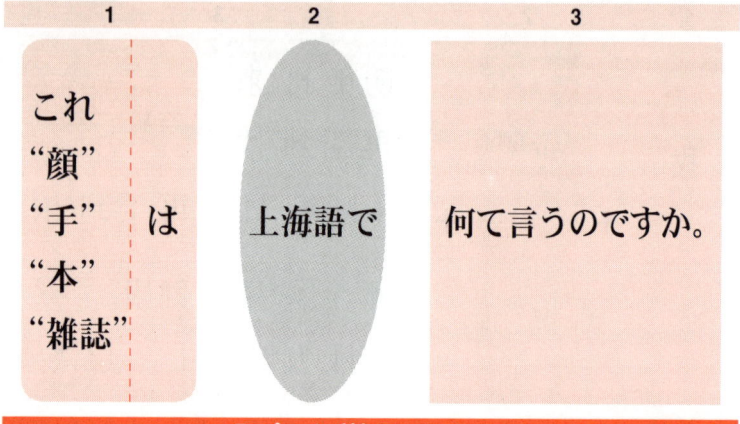

UNIT 86　言葉の尋ね方
CD-86
〜は上海語で何て言うのですか。

1	2	3

| これ "顔" "手" "本" "雑誌" | は | 上海語で | 何て言うのですか。 |

語句を覚えよう！

辦个 ガァアッ	これ	用 上海闲话 イヨン サンヘーエーオー	上海語で
面孔 ミーコン	顔	用 中文 イヨン ツォンヴェン	中国語で
手 ソゥ	手	哪能 ナーネン	どのように
书 スー	本	讲 カン	言う
杂志 ザッツー	雑誌	读 ドッ	読む

186

UNIT 86
～用 上海闲话 哪能 讲?

CD-86

1	2	3

1
- 挷个 (ガッアッ)
- "顔" (かお)
- "手" (て)
- "本" (ほん)
- "雑誌" (ざっし)

+

2
用 上海闲话
ィヨン サンヘーエーオー

+

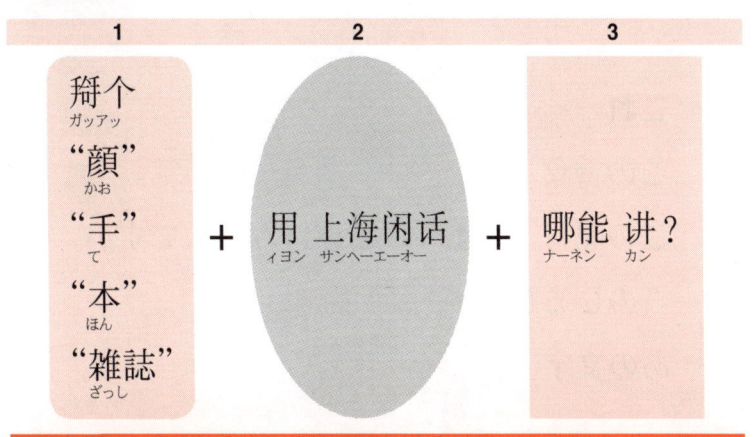

3
哪能 讲?
ナーネン カン

mini 会話

A: "すばらしい"を上海語で何と言うのですか。
"すばらしい"用 上海闲话 哪能 讲？
ィヨン サンヘーエーオー ナーネン カン

B: "老 好格"と言います。
"老 好格"。
ロー ホーアッ

A: 私の名字は上海語でどう読みますか。
我格 姓 用 上海闲话 哪能 读？
ンゴーアッ シン ィヨン サンヘーエーオー ナーネン ドッ

B: "リンモッ"です。
读 "铃木"。
ドッ リンモッ

Point

日本人が中国語の文を読む場合、漢字を見て意味は大体つかめても中国語の発音がわからない、ということも多いでしょう。そんな時は同じ構文を用いて"挷个 字 用 中文 哪能 读？"（ガッアッ ズー ィヨン ツォンヴェン ナーネン ドッ）「この字は中国語で何と読みますか」と聞きます。なお、"读"（ドッ）は「声に出して読む、発音する」という意味です。

UNIT 87
CD-87

■ 意味の聞き方
〜はどういう意味ですか。

	1		2

これ
この言葉
この記号　　は　　どういう意味ですか。
このしるし
あの文字

語句を覚えよう！

辫 ガッ	これ	伊 イー	あれ
单词 テーズー	言葉	辫个〜 ガッアッ	この〜
符号 ヴーオー	記号	伊个〜 イーアッ	あの〜
标志 ビオーツー	しるし	禁烟 チンイー	禁煙
字 ズー	文字	禁止 拍照 チンツー パッツォー	撮影禁止

UNIT 87
CD-87
～ 是 啥格 意思？

1

掰
ガッ

掰个 单词
ガーアッ　テーズー

掰个 符号
ガーアッ　ヴーオー

掰个 标志
ガーアッ　ビオーツー

伊个 字
イーアッ　ズー

+

2

是 啥格 意思？
ズー　サーアッ　イースー

mini 会話

A：これはどういう意味ですか。　　掰 是 啥格 意思？
　　　　　　　　　　　　　　　　ガッ　ズー　サーアッ　イースー

B："禁煙"という意味です。　　　　"禁烟" 格 意思。
　　　　　　　　　　　　　　　　チンイー　アッ　イースー

A：では、あれは？　　　　　　　　伊个 呢？
　　　　　　　　　　　　　　　　イーアッ　ナッ

B："一方通行"の意味です。　　　　伊个 是 "单行道" 格 意思。
　　　　　　　　　　　　　　　　イーアッ　ズー　テーアンドー　アッ　イースー

Point 近年大きな変化を遂げつつある上海では、新しい時代を反映した新語・流行語が次々と生まれています。その主なものをいくつか挙げてみます。黒客（ハッカッ）「ハッカー」、病毒（ビンドッ）「コンピューターウィルス」、搗漿糊（トーチャンウー）「ごまかす」、追星族（ツーシンゾッ）「追っかけ」、售后服務（ゾウオウヴォッウー）「アフターサービス」、炒股（ツォークー）「株の売買」、下崗（オーカン）「リストラ」、入世（ザッスー）「WTO加盟」などです。

UNIT 88
経験を尋ねる
〜したことがありますか。

1	3		2	4
(あなたは)	日本 東京ディズニーランド	へ	行ったことがあります	か。
	歌舞伎		観たことがあります	
	Jポップ	を	聞いたことがあります	
	刺身		食べたことがあります	

語句を覚えよう！

日本 サッペン	日本	北海道 ポッヘードー	北海道
东京 迪斯尼 乐园 トンチン ディェッズーニー ロッユイー	東京ディズニーランド	日本 环球 电影 娱乐城 サッペン グエーチォウ ディーイン ユィーロッゼン	ユニバーサル・スタジオ・ジャパン
歌舞伎 クーウーヂー	歌舞伎	雪 シェッ	雪
日本格 流行音乐 サッペンアッ リォウインインイャッ	Jポップ	滑雪 ウァッシェッ	スキー
生鱼片 サンシーピー	刺身	新干线 シンクーシー	新幹線

UNIT 88
CD-88
侬 ～过哦？

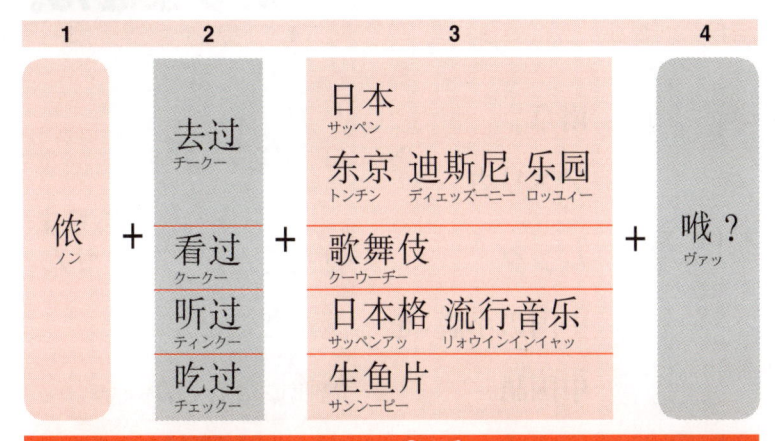

1	2	3	4
侬 ノン	去过 チークー	日本 サッペン 东京 迪斯尼 乐园 トンチン ディェッズーニー ロッユィー	哦？ ヴァッ
	看过 クーウー	歌舞伎 クーウーチー	
	听过 ティンクー	日本格 流行音乐 サッペンアッ リョウインインイヤッ	
	吃过 チェックー	生鱼片 サンーンーピー	

mini 会話

A：日本へ行ったことがありますか。　　侬 去过 日本哦？
　　　　　　　　　　　　　　　　　　ノン チークー サッペンヴァッ

B：2年前に行ったことがあります。　　两年 前 去过格。
　　　　　　　　　　　　　　　　　　リァンニー シー チークーアッ
　　来年また仕事で行きます。　　　　明年 去 工作。
　　　　　　　　　　　　　　　　　　ミンニー チー コンツォッ

Point "过"（クー）「～したことがある」は過去における経験を表す語で、否定には "勿"（ヴァッ）ではなく "没"（マッ）を用います（UNIT89参照）。「～したことがありますか」と尋ねられた場合、「はい」なら "～过"、「いいえ」なら "没～过" と答えます。また、"过" は "侬吃过 饭了哦？"（ノン チェックー ヴェーラッヴァッ）「食事はすみましたか」のように、その動作を終えたことを表す時にも用いることがあります。

UNIT 89　CD-89

■経験を語る
私はまだ～したことがありません。

1	2	5		4	3
私は	まだ	南京(ナンキン) アメリカ	へ	行ったことが	ありません。
		パンダ		見たことが	
		中国の小説	を	読んだことが	
		中国語		勉強したことが	

語句を覚えよう！

南京 ヌーチン	南京(ナンキン)	昆明 クンミン	昆明(コンメイ)
美国 メーコッ	アメリカ	伦敦 ルンテン	ロンドン
熊猫 ィヨンモー	パンダ	俄语 ングーニュィー	ロシア語
中国小说 ツォンコッシオーサッ	中国の小説	德语 タッニューイ	ドイツ語
中文 ツォンヴェン	中国語	印度语 インドゥーニュィー	ヒンディ語

UNIT 89
CD-89

我还没～过。

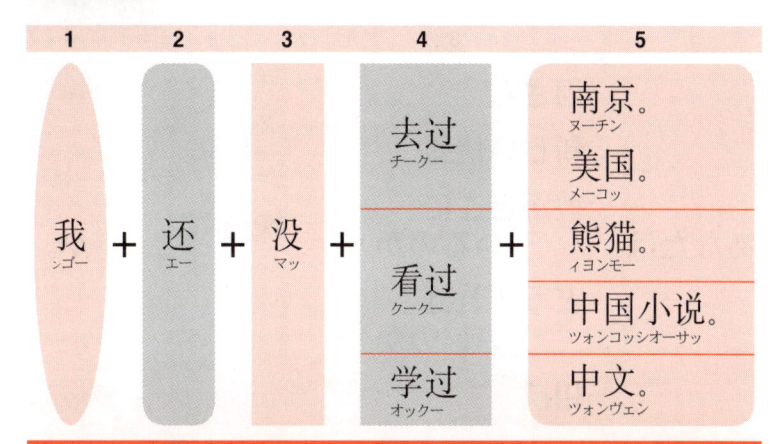

1	2	3	4	5
我 ンゴー	还 エー	没 マッ	去过 チークー	南京。 ヌーチン
				美国。 メーコッ
			看过 クークー	熊猫。 ィヨンモー
				中国小说。 ツォンコッシオーサッ
			学过 オックー	中文。 ツォンヴェン

mini 会話

A：私はまだパンダを見たことがありません。どこで見られますか。
我 还 没 看过 熊猫 咪。
ンゴー エー マッ クークー ィヨンモー レー
阿里 有？
アーリー イォウ

B：上海動物園にいますよ。
明日連れて行ってあげましょう。
上海动物园里 就 有啊。
サンヘードンヴァッユィーリー チォウ イォウア
明朝 我 带 侬 去。
ミンツォー ンゴー ター ノン チー

Point "过"（クー）は動詞のすぐ後ろにつけて「～したことがある」という経験の意味を表します。"过"は"没"（マッ）で否定し、その前にはしばしば"还"（エー）「まだ」、"从来"（ソンレー）「未だかつて」などの語が置かれます。"我 从来 没 谈过 朋友"（ンゴー ソンレー マッ デークー バンイォウ）は「私は今まで恋をしたことがない」という意味になります。

UNIT 90
CD-90

■ 知っているかどうかを聞く

～をご存知ですか。

1	3	2	4
あなたは	周さん / 新しい情報 / 彼がどこにいるのか / どうすればいいのか / 相撲 を	知っています	か。

語句を覚えよう！

最新 消息 ツーシン シオーシェッ	新しい情報	温泉 ウェンヂュィー	温泉
最新格 新聞 ツーシンアッ シンヴェン	最新のニュース	昨日格 事故 ソッニェァッ ズークー	昨日の事故
相扑 シァンポッ	相撲	歌舞伎 クーウーチー	歌舞伎
富士山 フーズーセー	富士山	日本舞踊 サッペンウードー	日本舞踊
地震 ディーツェン	地震	舺首 歌曲 ガッソウ クーチュォッ	この歌

UNIT 90
CD-90

侬 晓得 〜哦?

1	2	3	4
侬 ノン	晓得 シオータッ	周先生 ツォウシーサン 最新 消息 ツーシン シオーシェッ 伊 勒 阿里 イー ラッ アーリー 应该 哪能 办 好 インケー ナーネン ベー ホー 相扑 シァンポッ	哦? ヴァッ

mini 会話

A: 日本の相撲をご存知ですか。　　侬 晓得 日本格 相扑哦?
　　　　　　　　　　　　　　　　ノン シオータッ サッペンアッ シァンポッヴァッ
B: テレビで見たことがあります。　勒 电视里 看过格。
　　　　　　　　　　　　　　　　ラッ ディーズーリー クークーアッ
　　力士は体が大きいですね。　　相扑力士格 身体 真 大啊。
　　　　　　　　　　　　　　　　シァンポッリェッズーアッ センティー ツェン ドゥーアー
　　びっくりしました。　　　　　让 我 老 吃惊格。
　　　　　　　　　　　　　　　　ニァン ンゴー ロー チェッチンアッ

Point "晓得"(シオータッ)はある事実を「知っている、わかっている」という意味です。否定には"没"(マッ)ではなく"勿"(ヴァッ)が用いられ、"勿晓得"(ヴァッシオータッ)のようになります。また"晓得"の後に"阿里"(アーリー)「どこ」、"啥格"(サーアッ)「何」などの疑問を表す語を続けて、"侬 晓得 〜 勒 阿里／啥格?"(ノン シオータッ 〜 ラッ アーリー／サーアッ)「〜がどこか／何か知っていますか」という疑問文をつくることもできます。なお、"人"を知っているという時は、"認得"(ニンタッ)という語も使われます。

195

Part 3

とっさの時に役立つ
単語集 2800

あ （重要語句はゴシック表示）

愛	爱エー
挨拶／挨拶する	
	打招呼タンツォーフー
愛情	爱情エーヂン
アイス	冰ピン
愛する	爱慕エーモッ
間	当中タンツォン
会う	见面チーミー
青	蓝颜色レーンゲーサッ
赤	红颜色オンンゲーサッ
赤ちゃん	小囡シオーヌー
明るい	开朗ケーラン
秋	秋天チョウティー
諦める	放弃ファンチー
飽きた	厌脱了イータッラッ
開く／開ける	
	开ケー／打开タンケー
顎（あご）	下トオーポッ
朝	早朗ツォーラン
麻	麻モー
浅い	浅格チーアッ
明後日（あさって）	
	后天オゥティー
足／脚	脚チェッ
味	味道ミードー
アジア	亚洲ィヤーツォウ
明日	明朝ミンツォー
預かる／預ける	
	保管ポークー／寄存チーゼン
汗	汗ウー
遊ぶ	白相バッシァン
与える	拨パッ
暖かい	暖热格ヌーニェッアッ
頭	头ドォウ
新しい	新格シンアッ
あちら	伊面イーミー
厚い	厚格オゥアッ
熱い	热格ニェッアッ
暑い	热ニェッ
あっち	伊面イーミー
集まる	集合チェッアッ
集める	召集ツォーチェッ
後（あと）	以后イーオゥ
〜の後	〜之后ツーオゥ
後で	随后ズーオゥ
あなた／あなたがた	
	侬ノン／倻ナー
兄	哥哥クークー
姉	姐姐チアチア
あの	伊イー
アフターサービス	
	售后服务ゾゥオゥヴォッウー
危険	危险ウエーシー
危ない	危险格ウエーシーアッ
油	油イォウ
甘い	甜格ディーアッ
雨	雨ユィー
＜雨が降る＞	

	落雨ロッユィー
アメリカ	美国メーコッ
謝る	道歉ドーチー
洗う	汰ダー
ありがとう	
	谢谢シアジア
歩く	走ツォウ
あれ	伊个イーアッ
暗記／暗記する	
	背べー／背诵べーソン
安心／安心する	
	放心ファンシン
安全な	安全格ウーチュィーアッ
案内／案内する	
	介绍チアーゾー

い

胃	胃ウエー
＜胃が痛い＞	
	胃痛ウエートン
いい（よい）	
	好ホー
（〜しても）いいですか	
	可以哦クーイーヴァッ
いいえ	勿ヴァッ
言う	讲カン
家	屋里オッリー
いかがですか	
	哪能ナーネン
怒る	生气サンチー
息	发火ファッフー
息をする	
	呼吸フーシェッ
生きる	生存センゼン
イギリス	英国インコッ
行く	去チー
いくつ	
（個数）	几只チーツァッ
（年齢）	几岁チースー
いくら	几钿チーディー
いくらか	有眼イォウーンゲー
池	池塘ズーダン
意見	意见イーチー
居心地がいい	
	适意サッイー
石	石头サッドォウ
医師／医者	
	医生イーサン
意志	意志イーツー
以上	以上イーザン
異常	异常イーザン
意地悪い	触刻ツォッカッ
椅子	椅子イーツー
いずれにせよ	
	勿管哪能ヴァックーナーネン
遺跡	古迹クーチェッ
忙しい	忙マン
急ぐ	急チェッ
痛い／痛み／痛む	

199

	痛トン
炒める	炒ツォー
一（1）	一イェッ
一時間	一个钟头イェッアッツォンドォウ
一カ所	一个地方イェッアッディーファン
一冊	一本イェッペン
一度	一趟イェッタン／一次イェッツー
一日中	整天ツェンティー／一日天イェッニェッティー
一本	一支イェッツー
市場	市场スーザン
いちじるしい	明显ミンシー
いつ	啥辰光サーゼンクァン
一生懸命	拼命格ピンミンアッ
一緒に	一道イェッドー
いつでも	经常チンザン
いっぱい	满ムー／饱ポー
一般に	一般イェッペー
いつまでも	永远ィヨンユィー
いつも	老是ローズー
糸	线シー
いとこ	
（父方・男）堂兄弟ダンションディ	
（父方・女）堂姐妹ダンチアーメー	
（母方・男）表兄弟ピオーションディ	
（母方・女）表姐妹ピオーチアーメー	
田舎	乡下头シャンオードォウ
犬	狗コウ
命	生命センミン
祈る	祈求チーヂウ
威張る	逞威风ツェンウエーフォン／摆架子パーカーツー
衣服	衣裳イーザン
今	现在イーゼー
意味	意思イースー
Eメール	电子邮件ディーツーイォウヂー
妹	妹妹メーメー
いやしい	卑贱ページー／下作オーツォッ
嫌だ	讨厌トーイー
いらっしゃいませ	欢迎フーニン
入口	进口チンコウ
いる	要ィヨー
いらない	覅ヴィヨー
入れる	放ファン
色	颜色ンゲーサッ
祝う	祝贺ツォッウー
印刷／印刷する	印刷インサッ
印象	印象インジャン
インド／インド人	

印度 インドゥー
／印度人 インドゥーニン

う

ウイスキー
　　　　　威士忌 ウエースーチー
上　　　上头 サンドォウ
ウエスト　 腰围 ィヨーウエー
ウェブ　　 波浪形 ポーランイン
雨季　　　 雨季 ユィーチー
受付　　　 登记 テンチー
受け取る　 接受 チェッゾゥ
動く／動かす
　　　　　移动 イードン
牛　　　牛 ニォウ
失う　　　 失去 サッチー
後ろ　　　 后面 オゥミー
薄い
　（厚みが）薄 ポッ
　（色が）　淡 デー
嘘をつく　 吹牛皮 ツーニォウピー
歌　　　歌曲 クーチォッ
　＜歌をうたう＞
　　　　　唱歌 ツァンクー
疑う　　　 怀疑 ゥワーニー
疑わしい　 可疑格 クーニーアッ
家(うち)　 屋里 オッリー
撃つ　　　 打 タン
美しい　 漂亮格 ピオーリァンアッ

写す　　拍 パッ
　書き写す
　　　　　抄写 ツォーシアー
　＜写真を写す＞
　　　　　拍照 パッツォー
腕時計　 手表 ソゥピォー
腕　　　　 手臂膊 ソゥピーポッ
うどん　　 拉面 ラーミー
　　　　　／切面 チェッミー
奪う　　　 抢 チァン
馬　　　马 モー
うまい
　（上手）　老好格 ローホーアッ
　（おいしい）
　　　　　好吃 ホーチェッ
生まれる　 出生 ツァッサン
海　　　海 ヘー
生む／産む
　　　　　生 サン
恨む　　　 恨 エン
うらやましい
　　　　　羡慕 イーモッ
売る／（よく）売れる
　　　　　卖 マー／畅销 ツァンシオー
うるさい　 老吵格 ローツォーアッ
嬉しい　　 开心 ケーシン
浮気
　（気が散りやすい）
　　　　　见异思迁 チーイースーチー
　（男女関係の）

201

	乱搞 男女关系		＜映画を観る＞	
	ルーゴー ヌーニュイークエーシー／扎姘头ガッピンドォウ			看电影クーディーイン
		映画館	电影院ディーインユィー
噂	传闻ズーヴェン	**英語**	英语インニュイー／英文インヴェン
上着	外衣ンガーイー	
運	运道ユィンドー		衛星	卫星ウエーシン
＜運がよい＞		栄誉	荣誉イヨンユィー／名誉ミンユィー
	运道好ユィンドーホー	
運河	运河ユィンウー	栄養	营养インィヤン
運送	运输ユィンスー	描く	画オー／描绘ミオーウエー
運賃	运价ユィンカー	**駅**	车站ツォーゼー
運転／運転する		エスカレーター	
	驾驶执照チアースーツァッツォー			电动扶梯ディードンヴーティー
運転免許証		
	驾驶执照チアースーツァッツォー	絵本	画册オーツァッ／小人书シオーニンスー
国際運転免許証		
	国际驾驶执照	えび	虾ホー
	コッチーチアースーツァッツォー	偉い	伟大格ウエードゥーアッ
運動	运动ユィンドン	選ぶ	选择シュイーツァッ
運動場（競技場）		エレベーター	
	运动场ユィンドンザン			电梯ディーティー
運命	命运ミンユィン	演劇	戏剧シーチェッ
		延期／延期する	
			延期イーチー
	え		エンジニア	
				工程师コンツェンスー
絵	画オー	炎症	炎症イーツェン
エアコン	空调コンディオー	援助／援助する	
エアメール			支援ツーュイー
	航空邮件アンコンイォウチー	演説／演説する	
映画	电影ディーイン	

	演讲イーカン
鉛筆	铅笔ケーピェッ
遠慮／遠慮する	
	客气カッチー

お

尾	尾巴ミーポー
甥	外甥ンガーサン
おいしい	好吃ホーチェッ
王宮	皇宮ゥワンコン
王様	国王コッゥワン
扇	扇子スーツー
応急手当	应急措施インチェッツォッスー
横断歩道	横道线ゥワンドーシー
往復	来回レーウエー
往復切符	
	来回票レーウエーピオー
多い	多トゥー
大いに	老ロー
大きい	大格ドゥーアッ
大きさ	大小ドゥーシオー
OK	可以クーイー／来三レーセー
大通り	大马路ドゥーモールー
オートバイ	
	摩托车モートッツォー
おかしい	
（妙な）	奇怪格チークアーアッ
（おもしろい）	
	有意思イォウイース
	／有趣格イォウチュィーアッ
（怪しい）	
	可疑格クーニーアッ
おかず	菜ツェー
おかゆ	粥ツォッ
起きる	
（起き上がる）	
	起床チーザン／起来チーレー
（目を覚ます）	
	醒シン
億	亿イェッ
2億	两亿リャンイェッ
置く	放置ファンツー
奥さん	太太ターター
臆病な	胆子小格デーツーシオーアッ
送る	送ソン
＜物を送る＞	
	送物事ソンマッズー
＜人を見送る＞	
	送行ソンイン
遅れる	迟到ズートー
起こす	叫醒チオーシン
怒る	生气サンチー
	／发脾气ファッピーチー
起こる	发生ファッサン
＜事件が起こる＞	
	发生 案件ファッサン ウーチー
＜火事が起きる＞	
	发生 火灾
	ファッサン フーツェー

おじさん			弟	弟弟ディーディー
（一般的に）			男	男人ヌーニン
	伯父ボッヴー		脅す	威胁ウエーシェッ
	／叔叔ソッソッ		**訪れる**	访问ファンヴェン
（父の兄）伯伯パッパッ			**おととい**	前天シーティー
（父の弟）爷叔ィヤーソッ			**おととし**	前年シーニー
（母の兄弟）			大人	成年人ゼンニーニン
	舅舅チョウチョウ			／大人ドゥーニン
おじいさん			おとなしい	
（一般的に）				文静格ヴェンジンアッ
	老伯伯ローパッパッ			／老实格ローザッアッ
（父方）	阿爷アッィヤー		踊る	舞蹈ウードー
（母方）	外公ンガーコン		**驚く／驚かす**	
教える	教コー／告诉コースー			吃惊チェッチン／吓ハッ
おしぼり	揩手毛巾カーソゥモーチン		同じ	一样イェッィヤン
押す	按ウー		おばさん	
雄（おす）	雄ィヨン／公コン		（一般的に）	
お世辞を言う				伯母パッムー／阿姨アーイー
	奉承ブォンゼン		（父の姉妹）	
遅い				姑姑クークー
（時間が）晏エー			（母の姉妹）	
（速度が）慢メー				阿姨アーイー
襲う	袭击シーチェッ		おばあさん	
恐ろしい	吓人ハッニン		（一般的に）	
落ちついた				阿婆アップー
（状態が）安定ウーディン			（父方）	阿娘アッニァン
（態度が）沉着ゼンザッ			（母方）	外婆ンガーブー
落ちる	落ロッ		**おはよう**	早朗好ツォーランホー
夫	丈夫ツァンフー		**オフィス**	办公室ベーコンサッ
音	声音センイン		オペレーター	

	操作人員ツォーツォッゼンユィー		结束チェッソッ
覚える	記得チータッ	**音楽**	音乐インイャッ
おめでとう		温泉	温泉ウェンジュィー
	恭喜コンシー	温度	温度ウェンドゥー
重い	重ゾン	**女**	女人ニュィーニン
思い出	回忆ウエーイー	オンライン	
思い出す	回想ウエーシャン		接通チェットン
思う	想シャン		

か

おもしろい		蚊	蚊虫メンゾン／蚊子メンツー
	有意思イォウイース	ガールフレンド	
主な	主要格ツーィヨーアッ		女朋友ニュィーバンイォウ
親	父母ヴームー	**階**	楼ロウ
おやすみなさい		3階	三楼セーロウ
	晩安ウエーウー	海外	国外コッンガー
泳ぐ	游泳イォウィヨン	海外旅行	国外旅行
降りる	下オー／降落カンロッ		コッンガーリュィーイン
＜バスを降りる＞		海岸	海岸ヘーングー
	下 公共汽车	会議	会议ウエーニー
	オー コンゴンチーツォッ	海軍	海军ヘーチュィン
＜下に降りる＞		会計	会计クエーチー
	下去オーチー	**外国**	外国ンガーコッ
お礼	谢礼シアーリー	**外国語**	外文ンガーヴェン
折れる	折断ツァッドゥー	**外国人**	外国人ンガーコッニン
オレンジ	桔子チュォッツー	**会社**	公司コンスー
オレンジ色		会社員	职员ツァッユィー
	桔红色チュォッオンサッ	外出／外出する	
オレンジジュース			外出ンガーツァッ
	桔子水チュォッツースー	快晴	晴チン
愚かな	糊涂ウードゥー		
終わり／終わり			

205

解説する(説明する)			**価格**	价钿カーディー
	讲解カンカー／说明サッミン		化学	化学ホーイャッ
改善／改善する			科学	科学クーイャッ
	改善ケーズー		鏡	镜子チンツー
海鮮料理	海鲜ヘーシー		係員	负责人ヴーツァッニン
階段	楼梯ロゥティー		**(時間が)かかる**	
快適な	适意サッイー			费 辰光フィー ゼンクァン
ガイド	导游ドーイォウ		３時間かかる	
開発／開発する				需要 三个 钟头
	开发ケーファッ			シュィーィヨー セーアッツォンドォゥ
＜新製品を開発する＞			柿	柿子ズーツー
	研制 新产品		牡蠣(カキ)	
	ニーツー シンツェーピン			蛎黄リーゥワン
買物	购物コゥヴァッ		**鍵**	钥匙ィャッズー
＜買物をする＞			書留	挂号信コーオーシン
	买 物事マー マッズー		**書く**	写シアー
会話	对话テーオー		(絵を)描く	
＜会話をする＞				画(画)オー(オー)
	讲 闲话カン エーオー		家具	家具カーチュィー
買う	买マー		確実な	确实格チュオッザツァッ
飼う	饲养ズーィヤン		学者	学者ィャッツェー
カウンター			**学習／学習する**	
	柜台クエーデー			学习オッジェッ
返す	还ウエー		**学生**	学生オッサン
換える	换ウー		拡大／拡大する	
変える	改变ケーピー			扩大クァッドゥー
帰る	回来ウエーレー		学長	校长ィヨーツァン
顔	面孔ミーコン		確認／確認する	
顔色	面色ミーサッ			确认チュオッニン
香り	香味道シャンミードー		学年	年级ニーチェッ

学部	系イー		数える	数スー
経済学部	经济学系チンチーイャッイー		<お金を数える>	
革命	革命カッミン			数 钞票スー ツォーピォー
学問	学问オッヴェン		**家族**	屋里厢人オッリーシャンニン
学歴	学历オッリェッ		ガソリン	汽油チーイォウ
影／陰	影子インツー		ガソリンスタンド	
賭ける	赌トゥー			加油站カーイォウツェー
掛ける	挂コー		肩	肩胛チーカッ
<水を掛ける>			固い	硬格ンガンアッ
	浇 水チオー スー		片づける	收捉ソウツォッ
<2に3を掛ける>			片道	単程テーゼン
	两 乘 三リャン ゼン セー		片道切符	
過去	过去クーチー			単程票テーゼンピオー
傘	阳伞ィヤンセー		語る	讲カン
飾る	装饰ツァンサッ		価値	价值カーツァッ
菓子	点心ティーシン		課長	科长クーツァン
火事	火灾フーツェー		**勝つ**	赢イン
賢い	聪明ツォンミン		学科	科目クーモッ
過失	错ツー		**がっかりする**	
歌手	歌手クーソウ			失望サッウワン
～に貸す	借拨 ～チアーパッ		学期	学期オッヂー
<～にお金を貸す>			楽器	乐器イャッチー
	借钞票拨 ～		かっこいい	
	チアーツォーピォーパッ		（一般的に）	
数	数スー			好看ホークー
ガス	煤气メーチー		（主に男性に対して）	
風	风フォン			英俊インチュィン
風邪	感冒クーモー		かっこ悪い	
<風邪をひく>				难看ネークー
	感冒クーモー		**学校**	学堂オッダン

勝手に	随便スービー
家庭	家庭カーディン
角(かど)	角落头コッロッドォウ
家内	夫人フーニン／老婆ローブー
敵わない	敌勿过ディェッヴァックー
悲しい	悲伤ペーサン
悲しむ	伤心サンシン
必ず	必须ピェッシュィー／一定イェッディン
必ず行く	一定 去イェッディン チー
かなり	相当シャンタン
かなりたくさん	相当多シャンタントゥー
かに	蟹ハー
金(お金)	钞票ツォーピオー
＜金を払う＞	付 钞票フー ツォーピオー
金持ち	有钞票格人イォウツォーピオーアッニン／富人フーニン
彼女	
（一般的に）	伊イー
（恋人）	女朋友ニュィーバンイォウ
かばん	包ポー
花瓶	花瓶ホービン
株	股份クーヴェン
株券	股票クーピオー
被る	戴ター
壁	墙チァン
貨幣	货币フーピー
かぼちゃ	南瓜ヌーコー
我慢する(耐える)	忍耐ゼンネー／熬ンゴー
神(様)	上帝サンディー／神仙ゼンシー
紙	纸头ツードォウ
髪	头发ドォウファッ
かみそり	修面刀シォウミートー
噛む	咬ンゴー
カメラ	照相机ツォーシャンチー
画面	画面オーミー
科目	科目クーモッ
粥(かゆ)	粥ツォッ
かゆい	痒ィヤン
火曜日	礼拜两リーパーリァン
～から	从～ゾン
カラオケ	卡拉ＯＫカーラーオーケー
辛い	难过ネークー
カラス	乌鸦ウーィヤー
ガラス	玻璃プーリー
体	身体センティー
＜体がだるい＞	没力气マッリェッチー
カリキュラム	全部课程格教学计划チュィーブークーゼンアッチオーオッチーゥワッ
仮縫いする	

208

	试 样子スー ィヤンツー		＜問題を考える＞
借りる	借チアー		想问题シャンヴェンディー
＜お金を借りる＞		眼科	眼科ンゲークー
	借 钞票チアー ツォーピオー	感覚	感覚クーチォッ
軽い	轻チン	間隔	间隔チーカッ
彼	伊イー	乾季	旱季フーチー
彼氏	男朋友ヌーバンイォウ	缶切り	开盖头格扳头
カレー	咖喱カーリー		ケーケードォウアッペードォウ
カレーライス		環境	环境グエチン
	咖喱饭カーリーヴェー	関係	关系クエーシー
カレンダー		国際関係	
	日历ザッリェッ		国际关系コッチークエーシー
カロリー	卡路里カールーリー	＜私は関係ない＞	
川	河浜ウーパン		搭 我 没 关系
皮	皮ピー		タッンゴー マッ クエーシー
かわいい	可爱格クーエーアッ	**歓迎／歓迎する**	
かわいそう			欢迎フーニン
	作孽ツォッニェッ	**観光**	观光クークァン
乾く／乾かす		観光旅行	
	哴ラン		观光旅游クークァンリュィーイォウ
代わりに	代デー／代替デーティー	（〜に）関しては	
変わる	变ピー		关于 〜クエーユィー
〜間（かん）		看護／看護する	
	期間チーチー		护理ウーリー／护士ウーズー
１年間	一年イェッニー	看護師	护士ウーズー
缶	罐头クードォウ	観察／観察する	
癌（がん）	癌ンゲー		观察クーツァッ
肝炎	肝炎クーイー	漢字	汉字フーズー
考え／考える		患者	病人ビンニン／病号ビンオー
	想シャン／思考スーコー	感情	感情クーチン

209

勘定／勘定する				
	买单マーテー			
＜お勘定してください＞				
	请 买单チン マーテー			
感謝／感謝する				
	感谢クージア			
感じる	感觉クーチォッ			
関心	关心クエーシン			
＜～に関心がある＞				
	対 ～ 有 兴趣			
	テー ～ イォウ シンチュィー			
関節	关节クエーチェッ			
肝臓	肝脏クーツァン			
勘違いをする				
	误会ウーウエー			
官庁	政府机关			
	ツェンフーチークエー			
缶詰	罐头クードォウ			
乾電池	干电池クーディーズー			
頑張る	努力ヌーリェッー			
看板	招牌ツォーバー			
慣用句	习惯用语			
	シェックエィヨンユィー			
管理／管理する				
	管理クーリー			
管理人	管理人クーリーニン			
完了／完了する				
	结束チェッソッ			

き

気に入る	看得中クータッツォン	
	／中意ツォンイー	
気にしない		
	勿在乎ヴァッゼーフー	
気をつける		
	注意ツーイー	
木／樹	树木ズーモッ	
黄色	黄颜色ゥワンンゲーサッ	
消える	消失シオーサッ	
記憶	记忆チーイー	
機会	机会チーウエー	
機械	机器チーチー	
議会	议会ニーウエー	
	／国会コッウエー	
気軽に	轻松	
	チンソン	
（気兼ねなく）		
	随便スービー	
期間	期间チーチー	
機関	机关チークエー	
聞く	听ティン	
＜音楽を聞く＞		
	听 音乐ティン インイャッ	
危険	危险ウエーシー	
機嫌がいい／悪い		
	心情 好／勿好	
	シンジン ホー／ヴァッホー	
期限	期限チーエー	

気候	气候チーオゥ		厳しい	严格ニーカッ
記号	符号ヴーオー		寄付する	捐赠チュィーツェン
帰国	回国ウエーコッ		**気分がいい／悪い**	
技師	工程师コンゼンスー			心情 好／勿好
汽車	汽车チーツォー			シンヂン ホー／ヴァッホー
記者	记者チーツェー		**希望／希望する**	
技術	技术チーザッ			希望シーゥワン
傷	伤サン／伤痕サンエン		決まる／決める	
キス	亲チン			决定チュオッディン
＜キスをする＞			奇妙な	奇妙格チーミオーアッ
	亲チン		義務	义务イーウー
季節	季节チーチェッ		＜義務を果たす＞	
北	北ポッ			尽 义务ジン イーウー
汚い	龌龊オッツォッ		客	客人カッニン
貴重品	贵重品クエゾンピン		キャッシュカード	
きちんとしている				现金卡イーチンカー
	有规矩イォウクエーチュィー		キャベツ	卷心菜チュィーシンツェー
きつい			キャンセル／キャンセルする	
（性格が）				取消チュィーシオー
	苛刻格クーカッアッ		キャンパス	
（仕事が大変）			（大学)校园	
	工作 老 辛苦格			（ダーオッ）ィヨーユィー
	コンツォッ ロー シンクーアッ		九	九チォゥ
きっと	一定イェッディン		休暇	假期カーヂー
喫茶店	咖啡馆カーフィークー		救急車	救护车ヂォウウーツォー
切手	邮票イォウピオー		**休憩／休憩する**	
切符	票子ピオーツー			休息シォウシェッ
絹	丝绸スーゾゥ		休憩時間	
昨日	昨日ソッニェッ			休息辰光
きのこ	蘑菇モークー			シォウシェッゼンクァン

211

急行／鈍行			許可／許可する	
	快车クアーツォー			允许ュィンシュィー
	／慢车メーツォー		漁業	渔业ュィーニェッ
休日	休假日シォウカーニェッ		**去年**	旧年チォウニー
宮殿	宮殿コンディー			／去年チューニー
牛肉	牛肉ニォウニォッ		距離	距离チュィーリー
牛乳	牛奶ニォウナー		嫌いだ	勿欢喜ヴァッフーシー
給油／給油する			気楽に	轻松格チンソンアッ
	加油カーイォウ			／随便格スーピーアッ
きゅうり	黄瓜ゥワンコー		霧	雾ウー
給料	工资コンツー		**切る**	切断脱チェッドゥータッ
今日	今朝チンツォー			／中断ツォンドゥー
教育／教育する			＜野菜を切る＞	
	教育チオーイョッ			斩 菜ツェー ツェー
教科書	教材チオーゼー		**着る**	穿ツー
教師	教师チオースー		＜服を着る＞	
行事	活动ウァッドン			穿 衣裳ツー イーザン
教室	教室チオーサッ		きれいな	漂亮格ピオーリャンアッ
教授	教授チオーゾゥ		キログラム	
強制／強制する				公斤コンチン
	强迫チャンポー		キロメートル	
競争／競争する				公里コンリー
	竞争チンツェン		**金**	黄金ゥワンチン
兄弟	兄弟シォンディー		金額	金额チンンガッ
興味がある			**銀**	银ニン
	感兴趣クーシンチュィー		**銀行**	银行ニンアン
興味深い	老有兴趣格		近視	近视チンズー
	ローィオウシンチュィーアッ		禁止／禁止する	
協力／協力する				禁止チンツー
	合作アッツォッ		金星	金星チンシン

212

金銭	钞票ツォーピオー	靴下	袜子マッツー
勤勉な	勤劳格ヂンローアッ	くっつく	粘牢ニーロー
金曜日	礼拜五リーパーンー	国	国家コッチアー
		首	头颈ドゥウチン
		(頭)	头ドゥウ
		熊	熊シォン
		組合	联合リーアッ

く

空軍	空军コンチュィン	労働組合	工会コンウエー
空港	机场チーザン	雲	云ユィン
空調	空调コンディオー	悔しい	
草	草ツォー	(憤慨する)	
臭い	臭ツォウ		発火ファッフー
腐る	烂レー	(残念)	遺憾イーフー
櫛(くし)	木梳モッスー	暗い	黒暗格ハッウーアッ
屑	垃圾ラーシー	グラス	玻璃杯ポーリーペー
屑かご	垃圾桶ラーシー ドン	比べる	比较ピーチオー
くすぐったい		グラム	克カッ
	痒ィヤン	クリスマス	
薬	药ィャッ		圣诞节センデーチェッ
管	管子クーツー	来る	来レー
(〜を)ください		グループ	集団ジェッドゥー
	请拿 〜 拨我	苦しい	痛苦トンクー
	チンネー 〜 パッンゴー	車	车ツォー／车子ツォーツー
<これをください>		<車を運転する>	
	请 拿 辫个 拨 我		开 汽车ケー チーツォー
	チン ネー ガッアッ パッ ンゴー	<車に乗る>	
果物	水果スークー		乗 车子ツェン ツォーツー
口	嘴巴ツーポー	<車を降りる>	
唇	嘴唇皮ツーゼンビー		下 车オー ツォー
口紅	口红コゥオン	グレー	灰颜色フエーンゲーサッ
靴	鞋子アーツー		

213

黒(色)	黒顔色 ハッンゲーサッ
加える	加 カー
詳しい	詳細 ジャンシー
軍	军队 チュィンデー
軍人	军人 チュィンニン
軍隊	军队 チュンデー

け

毛	毛 モー
経営／経営する	经营 チンイン
<会社を経営する>	经营 公司 チンイン コンスー
経営者	经营者 チンインツェー
計画／計画する	计划 チーウァッ
経験／経験する	体验 ティーニー
蛍光灯	日光灯 サックァンテン
経済	经济 チンチー
警察	警察 チンツァッ
警察署	公安局 コンウーチォッ
計算／計算する	计算 チースー
芸術	艺术 ニーザッ
携帯電話	手机 ソゥチー
競馬	赛马 セーモー
経費	经费 チンフィー
軽蔑／軽蔑する	轻视 チンズー
	／看勿起 クーヴァッチー
契約／契約する	签约 チーイャッ
経歴	经历 チンリェッ
けがをする	受伤 ゾゥサン
ケーキ	蛋糕 デーコー
劇	戏剧 シーチェッ
今朝	今朝早朗 チンツォーツォーラン
景色	景色 チンサッ
消しゴム	橡皮 ジャンビー
下車／下車する	下車 オーツォー
下旬	下旬 オージュィン
化粧／化粧する	化妆 ホーツァン
化粧品	化妆品 ホーツァンピン
消す	揩脱 カータッ
<電気を消す>	关灯 クエテン
けちな	小气格 シオーチーアッ
血圧	血圧 シォッアッ
結果	結果 チエックー
月給	工资 コンツー
結構です	
(いらない)	可以了 クーイーラッ
	／勤了 ヴィヨーラッ
(褒める時)	

	老好格ローホーアッ	健康	健康チーカン
結婚／結婚する		検査／検査する	
	结婚チェッフン		检查チーゾー
決心／決心する		現在	現在イーゼー
	下决心オーチォッシン	検索／検索する	
欠席／欠席する			查ゾー
	缺席チュォッジエッ	減少／減少する	
月賦	按月份期付款		减少ケーソー
	ウーイョッヴェンチーフークー	建設／建設する	
	／按结ウーチェッ		建设チーサッ
月曜日	礼拜一リーパーイェッ	現代	現代イーデー
解熱剤	退热片テーニェッピー	現地	当地タンディー
下痢／下痢をする		建築／建築する	
	肚皮惹ドゥーピーザー		建筑チーツォッ
蹴る	踢ティェッ	検討／検討する	
原因	原因ニュィーイン		商讨サントー
喧嘩／喧嘩する		見物／見物する	
	吵相骂ツォーシャンモー		游览イォウレー
見学／見学する		憲法	宪法シーファッ
	参观ツークー	権利	权利チュィーリー
玄関	门口メンコゥ		
元気です	身体好センティーホー	# こ	
研究／研究する			
	研究ニーチォウ	**子**	小人シオーニン
	＜科学を研究する＞	**五**	五ンー
	研究 科学	〜個	〜只ツァッ
	ニーチォウ クーイャッ	濃い	深セン／浓厚格ノンオゥアッ
研究所	研究所ニーチォウスー	恋	恋爱リーエー／爱情エーヂン
現金	現金ニーチン	恋人	对象テージャン
言語	语言ニュィーイー	乞う	请求チンヂウ

215

合意／合意する			银行帐户
	意见 一致 イーチー イェッツー		ニンアンツァンウー
（ビジネスで）		公衆	公众 コンツォン
	达成 协议	公衆電話	
	ダッゼン イャッニー		公用电话 コンィヨンディーオー
幸運な	幸运格 シンユィンアッ	交渉／交渉する	
公園	公园 コンュィー		谈判 デープー
後悔／後悔する		工場	工厂 コンツァン
	后悔 オゥフエー	香水	香水 シァンスー
郊外	郊区 チオーチュィー	洪水	洪水 オンスー
公害	公害 コンエー	抗生物質	抗菌素 カンチュィンスー
合格／合格する		高速道路	高架 コーカー
	及格 チェッカッ	紅茶	红茶 オンゾー
交換／交換する		校長	校长 ィヨーツァン
	交换 チオーウー	交通	交通 チオートン
講義／講義する		交通事故	
	讲课 カンクー		交通事故 チオートンズークー
工業	工业 コンニェッ	交通渋滞	
航空会社	航空公司 アンコンコンスー		交通堵塞
航空機	飞机 フィーチー		チオートントゥーサッ
航空券	机票 チーピオー	**交番**	派出所 パッツァッスー
航空便	航空邮件 アンコンイォウヂー	幸福	幸福 インフォッ
	／航空信 アンコンシン	興奮／興奮する	
合計	总共 ツォンコン		兴奋 シンフェン
高校	高中 コーツォン	公務員	机关工作人员
広告	广告 クァンコー		チークエーコンツォッゼンユィー
交際／交際する			／公务员 コンウーユィー
	交际 チオーチー	声	声音 センイン
口座	帐户 ツァンウー	きれいな声	
銀行口座			好听格声音

	ホーティンアッセンイン	小銭	零碎钞票リンセーツォーピオー
コーヒー	咖啡カーフィー	午前	上半日サンプーニェッ
コーラ	可乐クーロッ	答／答える	
氷	冰ピン		回答ウエータッ
誤解／誤解する		ご馳走さま	
	误解ウーチアー	（食事の後）	
五月	五月ンーイョッ		我 吃好了
小切手	支票ツーピォー		ンゴー チェッホーラッ
ゴキブリ	蟑螂ツァンラン	（招待してくれた人に）	
国王	国王コッゥワン		谢谢款待シアジアクーデー
国際	国际コッチー	こちら	舺边ガッピー
黒板	黒板ハッペー	国家	国家コッチァー
国民	国民コッミン	国歌	国歌コックー
国立	国立コッリェッ／国営コッイン	国会	国会コッウエー
ご苦労さま		国会議員	
	辛苦了シンクーラッ		国会议员
ここ	舺搭ガッタッ		コッウエーニーユィー
ここから		国旗	国旗コッチー
	从 舺搭 开始	国境	国境コッチン
	ソン ガッタッ ケースー	こっけいな	
ここで	勒舺搭ラッガッタッ		滑稽ウァッチー
午後	下半日オープーニェッ	小包	包裹ポークー
ココア	可可クークー	コップ	杯子ペーツー
心	心シン	今年	今年チンニー
志す	志愿ツーニュィー	異なった	勿一样ヴァッイェッィヤン
試みる	尝试ザンスー	古典	古典クーティー
腰	腰ィヨー	言葉	语言ニュィーイー
乞食	讨饭格トーヴェーアッ	子ども	小人シオーニン
胡椒	胡椒ウーチオー	ことわざ	谚语ニーニュィー
個人	个人クーニン	断る	拒绝チュィージェッ

217

粉	粉末フェンモッ		米	米ミー／大米ダーミー
コネ	后门(关系)		ゴルフ	高尔夫球コーアルフーヂォゥ
	オゥメン(クエーシー)		これ	辩个ガッアッ
この	辩个ガッアッ		～頃	～格辰光アッゼンクァン
この本	辩本书ガッペンスー		殺す	杀サッ
この頃	最近ツーヂン		怖い(恐怖)	
この辺	辩一带ガッイェッター			吓人格ハッニンアッ
好む	欢喜フーシー		壊す	破坏脱プーゥワータッ
この様な	辩能ガッネン		壊れる	坏脱ゥワータッ
ご飯	饭ヴェー		今回	辩趟ガッタン
＜ご飯を食べる＞			今月	辩个号头
	吃饭チェッヴェー			ガッアッオードォウ
ご無沙汰する			今後	今后チンオゥ
	长远勿见サンスィーヴァッチー		今週	辩个礼拜ガッアッリーパー
こぼれる	潽出来プーツァッレー		今度	下趟オータン
胡麻	芝麻ツーモー		コンドーム	
細かい	零碎格リンセーアッ			避孕套ピーュィントー
(詳細な)			こんな	辩能ガッネン
	详细格ジャンシーアッ		こんにちは	
困る	难过ネークー			侬好ノンホー
ゴミ	垃圾ラーシー		こんばんは	
ゴミ箱	垃圾桶ラーシードン			晚上好ウエーザンホー
小道	小路シオールー		コンピューター	
	／弄堂ロンダン			电脑ディーノー
混む	混乱ウェンルー			／电子计算机
＜道が混む＞				ディーツーチースーチー
	马路 拥挤		今夜	今朝夜头
	モールー ィヨンチー			チンツォーィヤードォウ
ゴム	橡胶ジャンコー		婚約／婚約する	
小麦	小麦シオーマッ			婚约フンイャッ

	／订婚ティンフン
婚約者	订婚者ティンフンツェー

さ

サービス	服务ヴーウー
サービス料	服务费ヴーウーフィー
歳	岁スー
20歳	廿岁ニエースー
最近	最近ツーチン
財産	财产ゼーツェー
最後の	最后格ツーオゥアッ
最初の	最早格ツーツォーアッ
最新の	最新格ツーシンアッ
サイズ	尺寸ツーツェン
再入国	再次入境ツェーツーザッチン
才能	才能ゼーネン
裁判	审判センプー
裁判所	法院ファッユィー
財布	皮夹子ビーカッツー
サイン／サインする	签字チーズー
探す	寻シン
魚	鱼ンー
<魚を釣る>	钓鱼ティオーンー
下がる	下降オーカン
先	尖端チートゥー
お先に失礼	先 告辞了シー コーズーラッ
咲く	开ケー
<花が咲く>	开花ケーホー
昨日	昨日ソッニェッ
昨年	旧年チォウニー
作文	作文ツォッヴェン
昨夜	昨日夜头ソッニェッィヤードォウ
酒	酒チォウ
<酒を飲む>	吃 酒チェッ チォウ
<酒に酔う>	吃醉 酒了チェッツェー チォウラッ
叫ぶ	喊ヘー
下げる（音量などを）	降低カンティー 开低ケーティー
<値段を下げる>	减价ケーカー
刺身	生鱼片サンンーピー
査証	签证チーツェン
指す	指ツー
<指を指す>	指ツー／点ティー
座席	座位ズーウエー
<どうぞお座りください>	

	请 坐下来 チン ズーオーレー
左折／左折する	
	左转弯 ツーツーウエー／往 左面 转弯 マン ツーミー ツーウエー
冊	本 ペン
1冊	一本 イェッペン
(〜を)撮影する	
	拍〜 パッ
作家	作家 ツォッチャー
さっき	刚刚 カンカン
雑誌	杂志 ザッツー
殺虫剤	杀虫剂 サッゾンチー
早速	马上 モーザン
さつまいも	
	红山芋 オンセーユィー
(中の白っぽいもの)	
	山芋 セーユィー
砂糖	白糖 バッダン
砂漠	沙漠 ソーモッ
錆／錆びる	
	锈 シォウ／生锈 サンシォウ
寂しい	寂寞 ジェッモッ
寒い	冷 ラン
さもないと	
	否则 フォウツァッ
さようなら	
	再会 ツェーウエー
皿	碟子 ディェッツー
サラダ	沙拉 サーラー

更に	更加 ケンカー
猿	猴子 オゥッツー
触る	摸 モッ
三	三 セー
参加／参加する	
	参加 ツーカー
産業	产业 ツェーニェッ
産業廃棄物	
	工业废弃物 コンニェッフィーチーヴァッ
残業	加班 カーペー
サンダル	拖鞋 トーアー
残念／残念です	
	遗憾 イーフー
散髪／散髪する	
	剃头 ティードォウ
散歩／散歩する	
	散步 セーブー

し

四	四 スー
死	死 シー
時	时刻 ズーカッ
字	文字 ヴェンズー
CD	CD スィーディー／光碟 クァンディエッ
幸せ	幸福 インフォッ
しいたけ	香菇 シァンクー
寺院	寺院 ズーユィー／庙 ミオー
塩	盐 イー

塩辛い	咸エー
鹿	鹿ロッ
歯科	牙科ンガークー
次回	下趟オータン
市外電話	长途电话ザンドゥーディーオー
しかし	但是デーズー
しかしながら	虽然スーズー
仕方	办法ベーファッ
仕方がない	没办法マッベーファッ
四月	四月スーイョッ
叱る	训シュィン
時間	辰光ゼンクァン
＜時間がかかる＞	费 辰光フィー ゼンクァン
四季	四季スーチー
試験	考试コースー
試験問題	试题スーディー
資源	资源ツーニュィー
事故	事故ズークー
交通事故	交通事故チオートンズークー
時刻表	时刻表ズーカッピオー
自己	自家ズーカー
自己紹介	自我介绍ズーンゴーチアーゾー
仕事	工作コンツォッ
＜仕事をする＞	做 工作ツー コンツォッ
＜仕事を休む＞	请假チンカー
辞書	词典ズーティー
試食／試食する	品尝ピンザン／尝 味道ザン ミードー
自信／自信がある	信心シンシン／有 信心イォウ シンシン
地震	地震ディーツェン
静かな	安静ウージン／静ジン
システム	系统イートン
自然	自然ズーズー
舌	舌头サッドォウ
下	下面オーミー
～したい	想做 ～シャンツー
時代	时代ズーデー
慕う	羡慕イームー
従う(服従する)	听从ティンゾン／服从ヴォッゾン
(付き添う)	跟随ケンズー
下着	内衣ネーイー
～したことがある	做过 ～ツークー
親しい	亲密チンミェッ
～した方がよい	

221

	最好是 ～ツーホーズー	芝居	戏シー／戏剧シーチェッ
七	七チェッ	支配人	经理チンリー
七月	七月チェッイョッ		／负责人ヴーツァッニン
試着／試着する		**しばしば**	经常チンザン
	试穿スーツー	芝生	草坪ツォービン
シーツ	床单ザンテー	**支払い／支払う**	
実業家	实业家サッニェッチアー		付フー
失業／失業する		しばらく(ぶりです)	
	失业サッニェッ		长远 勿见
実に	实在サッゼー		サンユィー ヴァッチー
失敗／失敗する		縛る	缚ポッ
	失败サッパー	耳鼻科	耳鼻科アルビェックー
質問／質問する		自分	自家ズーカー
	问题ヴェンディー	自分自身／自分で	
	／提 问题ディー ヴェンディー		自家ズーカー
失礼／失礼する		脂肪	脂肪ツーファン
	没礼貌マッリーモー	絞る	绞コー
	／失陪サッベー	資本	资本ツーペン
失礼だ 没礼貌格マッリーモーアッ		資本主義	
失恋／失恋する			资本主义ツーペンツーニー
	失恋サッリー	**島**	岛トー／岛屿トーュィー
支店	分店フェンティー	事務所	事务所ズーウーソー
自転車	脚踏车チェッダッツォー		／办事处ベーズーツー
指導／指導する		**氏名**	姓名シンミン
	指导ツードー	使命	使命スーミン
	／做 指导ツー ツードー	示す	指示ツージー
自動車	汽车チーツォー	閉める	关起来クエーチーレー
市内	市内ズーネー	社員	职员ツァッュィー
品物	物品ヴァッピン	**社会**	社会ゾーウエー
死ぬ	死脱シータッ	じゃがいも	

	洋山芋ィヤンセーユィー	集合／集合する	
車庫	车库ツォークー		集合ジェッアッ
車掌	乘务员ツェンウーユィー	修士	硕士ソッズー
写真	照片ツォーピー	**住所**	地址ディーツー
ジャスミン		就職／就職する	
	茉莉花モーリーホー		就业チォウニェッ
社長	总经理ツォンチンリー		／就职チォウツァッ
シャツ	村衫ツェンセー	ジュース	果汁クーツァッ
若干の	一眼イェッンゲー	修正／修正する	
借金	欠债チーツァッ		修改ショウケー
邪魔／邪魔する			／订正ティンツェン
	打扰タンロー	渋滞／渋滞する	
	／妨碍ファンンゲー		堵塞トゥーサッ
ジャム	果酱クーチャン	じゅうたん	
シャワー	淋浴リンイョッ		地毯ディーテー
週	礼拜リーパー	終点	终点ツォンティー
十	十サッ	十二月	十二月サッニーイョッ
銃	枪チャン	**充分な**	充分格チツォンヴェンアッ
自由	自由ズーイォウ	充分だ	足够了ツォッコウラッ
周囲	周围ツォウウエー	シューマイ	
十一月	十一月サッイェッイョッ		烧卖ソーマッ
十月	十月サッイョッ	週末	周末ツォウモッ
習慣	习惯シェックエー	十万	十万サッヴェー
週刊誌	周刊杂志	**重要な**	重要格ゾンィヨーアッ
	ツォウクーザッツー	修理／修理する	
集金／集金する			修理ショウリー
	收款ソウクー	授業	上课サンクー
宗教	宗教ツォンチオー	宿題	作业ツォッニェッ
従業員	工作人员	**宿泊／宿泊する**	
	コンツォッゼンユィー		住宿ズーソッ

手術／手術する				介紹チアーゾー
	手术ソウザッ		正月	春节ツェンチェッ
	／动手术ドンソゥザッ		小学校	小学シオーオッ
首相	总理ツォンリー		乗客	乘客ツェンカッ
主人			商業	商业サンニェッ
（戸主）	家长カーツァン		証券	证券ツェンチュィー
（夫）	丈夫ツァンフー		条件	条件ディオーチー
（接待する人）			証拠	证据ツェンチュィー
	主人ツーニン		**正午**	中朗ツォンラン
出発／出発する			詳細	详细ジャンシー
	出发ツァッファッ		正直な	老实格ローザッアッ
首都	首都ソウトゥー		**乗車／乗車する**	
主婦	主妇ツーヴー			乘 车子ツェン ツォーツー
趣味	爱好エーホー		乗車券	车票ツォーピオー
寿命	寿命ゾウミン		上旬	上旬サンジュィン
種類	种类ツォンレー		**上手な**	老好格ローホーアッ
準備／準備する			招待／招待する	
	准备ツェンブーベー			招待ツォーデー
	／做 准备ツー ツェンベー			／款待クーデー
省	部ブー		状態	情况ヂンクァン
外務省（中国の組織で）			冗談／冗談を言う	
	外交部ンガーチオーブー			玩笑ウエーシオー
文部科学省（中国の組織で）				／开玩笑ケーウエーシオー
	文化部ヴェンホーブー		＜冗談でしょう＞	
しょうが	生姜サンチァン			是 勒 开 玩笑哦
消化／消化する				ズー ラッケー ウエーシオーヴァッ
	消化シオーホー／吸收シェッソウ		商人	商人サンニン
消火／消火する			使用人	佣人ィヨンニン
	救火チォウフー		商売	经商チンサン
紹介／紹介する				／做 生意ツー サンイー

商標	商標サンピオー		购物コゥヴァッ
商品	商品サンピン		／买 物事マー マッズー
上品な	上品格サンピンアッ	初日	第一天ディーイェッティー
丈夫な	结实格チェッザッアッ	署名／署名する	
証明／証明する			签名チーミン
	証明ツェンミン	書類	文件ヴェンヂー
身分証明書		処理／処理する	
	身份証センヴェンツェン		処理ツーリー
正面	正面ツェンミー	**知らせる**	通知トンツー
醤油	酱油チャンイォウ	**調べる**	調査ディオーゾー
将来	將来チャンレー	尻	屁股ピークー
奨励／奨励する		私立	私立スーリェッ
	表彰ピオーツァン	私立大学	
初回(初めて)			私立大学
	第一趟ディーイェッタン		スーリェッダーオッ
除外／除外する		**知る**	晓得シオータッ
	除去ズーチュィー	汁	汤タン
職員	职员ツァッツィー	**白(色)**	白颜色バッンゲーサッ
職業	职业ツァッニェッ	城	城ゼン／城堡ゼンボー
食事をする		進学／進学する	
	吃饭チェッヴェー		升学センオッ
職場	工作岗位	神経	神経ゼンチン
	コンソォッカンウエー	人口	人口ゼンコゥ
食堂	食堂サッダン	審査／審査する	
植物	植物サッヴァッ		审查センゾー
処女	处女ツーニュィー	診察	診察ツェンツァッ
女性	女性ニュィーシン	紳士	绅士センズー
しょっぱい		神社	神社ゼンゾー
	咸エー	寝室	卧室ングーサッ
ショッピング			／寝室チンサッ

225

真珠	珍珠ツェンツー		巣	巣ゾー
人種	人种ニンツォン		**水泳**	游泳イォウィヨン
信じる	相信シャンシン		すいか	西瓜シーコー
申請／申請する			水牛	水牛スーニォウ
	申请センチン		水産	水产スーツェー
親戚	亲戚チンチェッ		水準	标准ピオーツェン
親切な	热情格ニェッヂンアッ		水晶	水晶スーチン
新鮮な	新鲜格シンシーアッ		水上マーケット	
心臓	心脏シンツァン			水上交易
身体	身体センティー			スーザンチオーイェッ
寝台車	卧铺车ングープーツォー		彗星	慧星ウエーシン
診断	诊断ツェンドゥー		すいている	
新年	新年シンニー			空勒海コンラッヘー
＜新年おめでとう＞			水田	水田スーディー
	新年好シンニーホー		水道／水道の水	
心配／心配する				水管スークー
	担心テーシン			／自来水ズーレースー
新聞	报纸ポーツー		水道メーター	
進歩／進歩する				水表スーピオー
	进步チンブー		睡眠	睡眠スーミン
深夜	深夜センィヤー		水曜日	礼拜三リーパーセー
信用／信用する			吸う	抽ツォウ／吸シェッ
	信用シンィヨン		**数字**	数字スーズー
信頼／信頼する			スーツ	西装シーツァン
	信赖シンレー			／套装トーツァン
診療所	诊疗所ツェンリオースー		スープ	汤タン
			スカート	裙子チュィンツー
			好きだ	欢喜フーシー
す			**〜すぎる**	忒〜タッ
			過ぎる	过脱クータッ
酢	醋ツー			

すく	有空イォウコン	すなわち	就是チョウズー
<お腹がすく>		**すばらしい**	
	肚皮 饿了		老好格ローホーアッ
	ドゥービーングーラッ	スプーン	调羹ディオーカン
すぐに	马上モーザン	～すべきだ	
少ない	少ソー		应该 ～インケー
少なくとも		**すべて**	全部チューイーブー
	至少ツーソー	滑る	滑ウァッ
スケジュール		**スポーツ**	体育ティーイョッ
	日程ニェッゼン	ズボン	裤子クーツー
すごい	老ロー	炭	炭テー
少し	一眼イェッンゲー	（石炭）	煤炭メーテー
涼しい	风凉フォンリャン	（木炭）	木炭モッテー
すずめ	麻雀モーチュオッ	角(すみ)	角コッ
勧める	劝チューイー		／角落头コッロッドォウ
スター	明星ミンシン	**すみません**	
スタッフ	工作人员		对勿起テーヴァッチー
	コンツォッゼンユィー	住む	住ズー
頭痛	头痛ドォウトン	スリッパ	拖鞋トーアー
ずっと	一直イェッザッ	**する**	做ツー
酸っぱい	酸スー	<仕事をする>	
ステーキ	牛排ニォウバー		做 工作ツー コンツォッ
すてきだ	灵リン	ずるい	门槛精メンケーチン
すでに	已经イーチン	鋭い	灵敏リンミン
捨てる	掼グエー	**座る**	坐ズー
ストライキ			
	罢工パーコン		
ストッキング		# せ	
	丝袜スーマッ	背	身高センコー
砂	沙子サーツー	姓	姓シン

税	税セー
性格	性格シンカッ
正確な	准确格ツェンチュオッアッ
生活	生活センウァッ
税関	海关ヘークエ
税金	税金セーチン
清潔な	清爽格チンサンアッ
制限／制限する	限制エーツー
成功／成功する	成功ゼンコン
政策	政策ツェンツァッ
生産／生産する	生产センツェー
政治	政治ツェンツー
政治家	政治家ツェンズーカー
性質	性质シンツァッ
正常	正常ツェンザン
製造／製造する	制造ツーゾー
生徒	学生オッサン
青年	青年チンニー
生年月日	出生年月日ツァッセンニーイョッザッ
性病	性病シンビン
政府	政府ツェンフー
制服	制服ツーヴォッ
生命	生命センミン
西洋人	洋人ィヤンニン／欧美人オゥメーニン
西洋料理	西餐シーツェー
整理／整理する（片づける）	整理ツェンリー
生理	月经イョッチン
世界	世界スーカー
席	坐位ズーウエー
＜席を外している＞	离开 座位リーケー ズーウエー
咳	咳嗽カッソゥ
責任	责任ツァッゼン
責任者	负责人ヴーツァッニン
＜責任をとる＞	负责ヴーツァッ
石油	石油ザッイォウ
積極的	积极格チーチェッアッ
設計／設計する	设计サッチー
石鹸	肥皂ヴィーゾー
絶対に	絶対ジェッテー
説明／説明する	说明サッミン
節約／節約する	节约チェッイャッ
背中	背脊ペーチェッ
ぜひ	一定イェッディン
背広	西装シーツァン
狭い	狭アッ
セメント	水泥スーニー
ゼロ	零リン

千	千チー		
線	线シー		
選挙／選挙する			
	选举シュィーチュィー		
先月	上个号头サンアッオードォゥ		
専攻／専攻する			
	专业ツーニェッ		
	／专攻ツーコン		
先日	前两天シーリァンティー		
先週	上个礼拝サンアッリーパー		
扇子	扇子スーツー		
先生	老師ロースー／先生シーサン		
全然	完全ウーヂュィー		
	／根本ケンペン		
戦争	战争ツーツェン		
全体に	全体ヂュィーティー		
洗濯機	洗衣机シーイーチー		
洗濯／洗濯する			
	洗 衣裳ダー イーザン		
センチメートル			
	公里コンリー		
栓抜き	(开瓶盖头格)扳头		
	(ケービンケードォウアッ)ペードォウ		
洗髪／洗髪する			
	洗头ダードォウ		
全部	全部ヂュィーブー		
扇風機	电风扇ディーフォンスー		
専門家	专家ツーチアー		
専門学校	大专ダーツー		

そ

象	大象ダージァン
増加／増加する	
	增加ツェンカー
送金／送金する	
	寄 钞票チー ツォーピォー
送迎／送迎する	
	接送チェッソン
掃除／掃除する	
	打扫タンソー
ソース	酱チァン
ソーセージ	
	火腿肠フーテーザン
葬式	葬礼ツァンリー
相談／相談する	
	商量サンリァン
	／商谈サンデー
(協議する)	
	协商イャッサン
双方	双方サンファン
総理大臣	总理ツォンリー
僧侶	和尚ウーサン
俗語	俗话ソッオー
速達	快信クアーシン
ソケット	插座ツァーズー
そこ	伊面イーミー
そして	然后ズーオゥ
育つ／育てる	
	成长ツェンツァン

	／养育ィヤンイョッ
そちら	伊面イーミー
卒業／卒業する	
	毕业ピェッニェッ
(〜に) 沿って	
	沿勒イーラッ
袖	袖子ジョウツー
外	外面ンガーミー
その	伊个イーアッ
その通り	就 是 辩能 チォウ ズー ガッネン
そのような	
	辩能格ガッネンアッ
側(そば)	旁边バンピー
ソファー	沙发ソーファッ
染める	染ニー
＜髪を染める＞	
	染 头发ニー ドォウファッ
空	天空ティーコン
剃る	剃ティー
それ	辩个ガッアッ
それから	
	然后ズーォウ
それだけ	
	只有 辩眼 ツァッイオウ ガッンゲー
それでは	
	葛么カッマッ
それとも	
	还是エーズー

揃う	齐全ジージュィー
損害	損害センエー
尊敬／尊敬する	
	尊敬ツェンチン
損をする	吃亏チェックエー

た

田	水田スーディー
大学	大学ダーオッ
大学生	大学生ダーオッサン
代議士	议员ニーユィー
代金	价钿カーディー
大工	木匠モッジァン
退屈な	没劲格マッチンアッ
体験	体验ティーニー
大根	萝卜ルーポッ
大使館	大使館ダースークー
体重	体重ティーゾン
大丈夫	勢紧ヴィヨーチン
大豆	黄豆ウァンドォウ
大臣	
(中国の組織で)	
	部长ブーツァン
(日本の組織で)	
	大臣ダーゼン
大切な	重要格ゾンィヨーアッ
だいたい	大约莫ダーイャッモッ
たいてい	大概ダーケー
台所	厨房ズーヴァン

タイトル	題目	ディーモッ
代表	代表	デーピオー
だいぶ	相当	シャンタン
大部分	大部分	ダーブーヴェン
大変		
（非常に）	老	ロー
（大変だ）	勿得了啦	ヴァッタッリオーラッ
大便	大便	ダービー
代名詞	代詞	デーズー
タイヤ	车轮	ツォールン
	/轮胎	ルンテー
ダイヤモンド	钻石	ツーザッ
太陽	太阳	ターィヤン
代理	代理	デーリー
代理店	代理店	デーリーティー
	/代理商店	デーリーサンティー
＜彼の代理で＞	作为 伊格 代理	ツォッウエー イーアッ デーリー
大理石	大理石	ダーリーザッ
耐える	忍耐	ゼンネー
タオル	毛巾	モーチン
高い		
（高さが）	高	コー
（価格が）	贵	チュィー
だから	所以	スーイー
宝くじ	彩票	ツェーピオー
滝	瀑布	ポップー
抱き合う	拥抱	ィヨンポー
炊く	烧	ソー
＜御飯を炊く＞	烧饭	ソーヴェー
たくさん	老多格	ロートゥーアッ
タクシー	叉头	ツァードォウ
	/出租车	ツァッツーツォー
竹	竹头	ツォッドォウ
〜だけ	只有〜	ツァッイオウ
確かに	确实	チュオッザッ
足す（加える）	加上	カーザン
助け合う	互相 帮忙	ウーシャン パンマン
助ける	救助	チョウズー
訪ねる	访问	ファンヴェン
尋ねる	问	メン
闘う	战斗	ツートォウ
叩く	敲	コー
正しい	正确	ツェンチュオッ
直ちに	马上	モーザン
たたむ	叠	ディェッ
＜服をたたむ＞	叠 衣裳	ディェッ イーザン
立ち上がる	立起来	リェッチーレー
立つ	立	リェッ

断つ	切断脱	チェッドゥータッ
建物	建筑物	チーツォッヴァッ
建てる	造	ゾー
例えば	比方讲	ピーファンカン
棚	架子	カーツー
他人		
（一般的に）		
	別人	ビェンニン
（身内ではない人）		
	外头人	ンガードォウニン
種	种子	ツォンツー
他の	別格	ビェッアッ
楽しい	开心	ケーシン
頼む	拜托	パートッ
たばこ	香烟	シャンイー
＜たばこを吸う＞		
	吃 香烟	チェッ シャンイー
旅	旅行	リュィーイン
たびたび	常常	サンザン
ダブルベッド		
	双人床	サンニンザン
多分	大概	ダーケー
食べ物	食物	サッヴァッ
	／食品	サッピン
食べる	吃	チェッ
卵	鸡蛋	チーデー
玉子焼き	煎蛋	チーデー
だます	骗	ピー
玉ねぎ	洋葱	ィヤンツォン
駄目だ	勿来三	ヴァッレーセー

保つ	保持	ポーズー
＜温度を保つ＞		
	保持 温度	
	ポーズー ウェンドゥー	
足りない	勿够	ヴァッコウ
＜お釣りが足りない＞		
	找格 钞票 勿 够	
	ツォーアッ ツォーピオー ヴァッ コウ	
だるい	倦	ヂュィー
誰	啥人	サーニン
短気な	性子急	シンツーチェッ
単語	单词	テーズー
誕生日	生日	サンニェッ
タンス	大橱	ドゥーズー
ダンス	舞蹈	ウードー
ダンスをする		
	跳舞	ティオーウー
男性	男性	ヌーシン
旦那	先生	シーサン／老公 ローコン
たんぱく質		
	蛋白质	デーバッツァッ
暖房	暖气	ヌーチー

ち

血	血	シェッ
小さい	小	シオー
チーズ	奶酪	ネーロッ
近い	近	ヂン
近いうちに		

	勿久格 将来		**中国**	中国ツォンコッ
	ヴァッチョウアッ チャンレー		**中国人**	中国人ツォンコッニン
違う	勿一様ヴァッイエッィヤン		**中国語**	中文ツォンヴェン
近頃	近来チンレー			/汉语フーニュィー
地下鉄	地铁ディーティエッ		中止／中止する	
近道	近路チンルー			中止ツォンツー
力	力気リェッチー		駐車／駐車する	
地球	地球ディーチォウ			停车ディンツォー
遅刻／遅刻する			駐車場	停车场ディンツォーザン
	迟到ズートー		注射／注射する	
知識	知识ツーサッ			打针タンツェン
地図	地图ディードゥー		中旬	中旬ツォンジュィン
父	爸爸パーパー		**昼食**	中饭ツォンヴェー
縮む	缩小ソッシオー		中心	中心ツォンシン
秩序	秩序ツーシュィー		注目／注目する	
チップ	小费シオーフィー			注目ツーモッ
地方	地方ディーファン		**注文／注文する**	
茶	茶ゾー			定做ディンツー
茶色	咖啡色カーフィーサッ			/预订ユィーディン
赤茶色	铁锈红ティエッシォウオン		蝶	蝴蝶ウーティアッ
こげ茶色			腸	肚肠ドゥーザン
	深咖啡色センカーフィーサッ		長距離	远距离ユィーチュィーリー
茶碗	饭碗ヴェーウー		彫刻	雕刻ティオーカッ
チャンネル			頂上	顶峰ティンフォン
	频道ビンドー		**朝食**	早饭ツォーヴェー
注意／注意する			ちょうど	刚刚(好)カンカン(ホー)
	注意ツーイー			/正(合适)ツェン(アッサッ)
中央	中央ツォンイヤン		直接	直接ザッチェッ
中学校	初中ツーツォン		直線	直线ザッシー
中華料理	中国菜ツォンコッツェー		貯蓄	储蓄ズーシュィー

233

ちょっと	一歇歇イェッシェッシェッ／一下イェッシア	つかむ	捉ツォッ
		疲れる	吃力チェッリェッ
ちょっと待って		月	月亮イョッリァン
	等一歇テンイェッシェッ		／号头オードォウ
地理	地理ディーリー	（〜に）つき	
賃貸／賃貸する		（〜に関して）	
	出租ツァッツー		关于 〜クエーユィー
賃借／賃借する		（理由を言う時）	
	租借ツーチアー		由于 〜イォウユィー
賃金	工资コンスー	次	下趟オータン
		尽きる	尽チン
つ		着く	到达トーダッ
		机	台子デーツー
ツアー	旅行リュィーイン	つくる	做ツー
（団体旅行）		漬物	咸菜エーツェー／酱菜チャンツェー
	団体旅游ドゥーティーリュィーイン		
		告げる	告诉コースー／告白コーバッ
ついに	终于ツォンユィー	都合	方便ファンビー
通学		＜都合がよい／都合が悪い＞	
（家から）	去 读书チー ドッスー		方便ファンビー
（寮から）	走读ツォウドッ		／勿方便ヴァッファンビー
通勤	上班サンペー	土	烂泥ナーニー
通常	平常ビンザン	続く／続ける	
通信／通信する			连续リーゾッ
	通信トンシン		／接连チェッリー
通信衛星	通信卫星トンシンウエーシン	包む	包ポー
通訳／通訳する		努める	努力ヌーリェッ
	翻译フェーイェッ		／尽力チンリェッ
使う	使用スーヨン	綱	绳子ゼンツー
捕まえる	捉牢ツォッロー	つなぐ	连接リーチェッ

唾(つば)	馋唾水ゼートゥースー	つらい	痛苦トンクー
つぶれる／つぶす		**釣り銭**	找头ツォードォウ
	压坏アッゥワー	連れて行く	
	／压坍脱アッテータッ		带走ターツォウ

<箱がつぶれる>
    箱子 压坏脱了
    シャンツー アッゥワータッラッ

<会社がつぶれる>
    公司 破产了
    コンスー プーツェーラッ

て

蕾(つぼみ)		手	手ソゥ
	花苞ホーポー	<手をあげる>	举手チュィーソゥ
妻	太太ターター／老婆ローブー	<手に持つ>	拿ネー
躓(つまず)く		出会う	认得ニンタッ
	摜倒クエートー	〜である	是〜ズー
(しくじる)		提案／提案する	
	受 挫折ゾゥ ツーツァッ		提议ディーニー
つまむ	捏ニェッ	データ	数据スーチュィー
爪楊枝	牙签ンガーチー	デート	约会イャッウエー
つまらない		テーブル	台子デーツー
	无聊ウーリオー	Tシャツ	
詰まる	堵塞トゥーサッ		T恤衫ティーシュォッセー
	／堵牢トゥーロー	テープレコーダー	
罪	罪过セークー		录音机ロッインチー
爪	指甲ツーカッ	定期	定期ディンチー
爪切り	指甲钳ツーカッチー	定期券	月票イォッピオー
<爪を切る>		抵抗／抵抗する	
	剪指甲チーツーカッ		抵抗ティーカン
冷たい	冰冷ピンラン	定食	套餐トーツェー
強い	强チャン	停車／停車する	
			停 车子ディン ツォーツー
		提出／提出する	
			提出ディーツァッ

235

程度	程度ゼンドゥー		／庙宇ミオーユィー
丁寧な	細心シーシン	テレビ	电视ディーズー
手紙	信シン	出る	出ツァッ
＜手紙を出す＞		点	点ティー／分フェン
	寄信チーシン	100点	一百分イェッパッフェン
敵	敌人ディェッニン	その点	舑一点ガッイェッティー
適当な	适当格サッタンアッ	店員	店員ティーユィー
～できる	会～ウエー／好～ホー	**天気**	天气ティーチー
＜サッカーができる＞		**電気**	电气ディーチー
	会 踢 足球	電気洗濯機	
	ウエー ティェッ ツォッヂォウ		洗衣机シーイーチー
出口	出口ツァッコウ	電気代	电费ディーフィー
デザート	点心ティーシン	伝記	传记ズーチー
デザイン／デザインする		電球	电灯泡ディーテンポー
	设计サッチー	天国	天堂ティーダン
手数料	手续费ソウゾッフィー		／极乐世界
鉄	铁ティェッ		ジェッロッスーカー
手付金	订金ディンチン	**伝言**	口信コウシン
手伝う	帮忙パンマン	電子	电子ディーツー
鉄道	铁路ティェッルー	**電車**	电车ディーツォー
	／火车フーツォー	店主	老板ローペー
出て行く	出去ツァッチー	天井	顶棚ティンバン
テニス	网球マンヂォウ	天井板	天花板ティーホーペー
デパート	百货商店パッフーサンティー	点数	分数フェンスー
手放す	放手ファンソウ	電子レンジ	
出迎えに行く			微波炉ヴィーポールー
	去接チーチェッ	伝染病	传染病ズーズービン
デモ	游行イォウイン	電池	电池ディーズー
でも	不过パックー	伝統	传统ズートン
寺	寺庙ズーミオー	天皇陛下	天皇ティーゥワン

伝票	发票ファッピオー			勿客气ヴァッカッチー
でんぷん	淀粉ディーフェン		どうしたの	
電報	电报ディーポー			哪能了ナーネンラッ
電話	电话ディーオー		**どうして**	
＜電話をする＞				为啥ウエーサー
	打 电话タン ディーオー		どうですか	
＜電話を切る＞				哪能ナーネン
	挂 电话コー ディーオー		同意／同意する	
電話番号	电话号码ディーオーオーモー			同意ドンイー
			同一の	一样格イェッィヤンアッ
			唐辛子	辣椒ラッチオー

と

～と～	～搭～タッ
戸	门メン
度	趟タン
一度に	一趟イェッタン
20℃	廿度ニエードゥー
ドア	门メン
問い合わせる	
	打听タンティン
ドイツ	德国タッコッ
ドイツ語	
	德语タッニュィー
ドイツ人	
	德国人タッコッニン
トイレ	厕所ツースー
	／卫生间ウエーセンケー
党	党タン
どう	哪能ナーネン
どういたしまして	

登記／登記する	
	登记テンチー
道具	工具コンチュィー
統計	统计トンチー
同行／同行する	
	一道去イェッドーチー
投資／投資する	
	投资ドゥツー
同時に	同时ドンズー
同情／同情する	
	同情ドンジン
当然	当然タンズー
どうぞ	请チン
どうぞよろしく	
	请 多 关照
	チン トゥー クエーツォー
到着／到着する	
	到トー
東南アジア	

	东南亚 トンヌーィヤー	（腕時計など）	
豆腐	豆腐 ドゥヴー		表 ピオー
動物	动物 ドンヴァッ	どこ	啥地方 サーディーファン
動物園	动物园 ドンヴァッュィー	床屋	剃头店 ティードォウティー
東北部	东北地区	所	地方 ディーファン
	トンポッディーチュィー	**都市**	城市 ゼンズー
とうもろこし		**年**	年 ニー
	珍珠米 ツェンツーミー	年とった	年纪 大了 ニーチー ドゥーラッ
同様の	一样格 イェッィヤンアッ	図書館	图书馆 ドゥースークー
遠い	远 ュィー	閉じる	关脱 クエータッ
通す	过去 クーチー／通过 トンクー	土地	土地 トゥーディー
トースト	烤面包 コーミーポー	途中	中途 ツォンドゥー
盗難	盗窃 ドーチェッ	どちら	阿里 一个 アーリー イェッアッ
通り	流通 リョウトン	どちらでもいい	
通り過ぎる			阿里 一个 侪 可以
	走过去 ツォウクーチー		アーリー イェッアッ ゼー クーイー
とかげ	四脚蛇 スーチェッゾー	特価	特价 ダッカー
溶かす／溶ける		どっち	阿里 一个 アーリー イェッアッ
	烊脱 ィヤンタッ	届ける	送到 ソントー
尖った	尖 チー	どなた	阿里 一位
時	辰光 ゼンクァン		アーリー イェッウエー
時々	有辰光 イォウゼンクァン	どのくらい	
毒	毒 ドッ		多少 トゥーソー
独身	单身 テーセン	どのように	
特に	特别 ダッピェッ		哪能 ナーネン
特別な	特别格 ダッピェッアッ	**飛ぶ**	跳 ティオー／飞 フィー
とげ	刺 ツー	トマト	番茄 フェーガー
時計		**泊まる**	住 ズー／住宿 ズーソッ
（置き時計）		**止まる**	停下来 ディンオーレー
	钟 ツォン	**止める**	停 ディン

ともかく	勿管 哪能 ヴァックー ナーネン		撮る	拍パッ
友達	朋友バンイォウ		\<写真を撮る\>	
共に	一道イェッドー			拍照片パッツォーピー
土曜日	礼拝六リーパーロッ		ドル	美元メーユィー
虎	老虎ローフー		**どれ**	阿里 一个アーリー イェッアッ
ドライクリーニング			ドレッシング	
	干洗クーシー			調料ディオーリオー
ドライバー			泥棒	小偸シオートォウ
(運転手)			どんな	哪能格ナーネンアッ
	司机スーチー		トンネル	隧道ズードー
(ネジ回し)			どんぶり	大碗ドゥーウー
	拈凿ニーゾッ		どんぶり物	
ドライブ	兜风トウフォン			蓋浇飯ケーチオーヴェー
トラブル	糾紛チォウフェン		とんぼ	蜻蜓チンディン
\<トラブルにあう\>				
	碰着麻煩バンザッモーヴェー		**な**	
トラベラーズチェック				
	旅行支票		無い	没マッ
	リュィーインツーピオー		内科	内科ネークー
トランプ	扑克牌ポッカッパー		内線	内線ネーシー
鳥	鸟ニオー			／分机フェンチー
鶏肉	鸡肉チーニォッ		内閣	内閣ネーカッ
取り消す	取消チュィーシオー		ナイフ	刀トー
取り締まる			内部	内部ネーブー
	監視ケーズー		内容	内容ネーィヨン
努力／努力する			ナイロン	尼龙ニーロン
	努力ヌーリェッ		直す	修理シォウリー
取る	拿ネー		治す	治療ズーリオー
\<ボールを取る\>			\<歯を治す\>	
	接球チェッチォウ			治療 牙子

239

	ズーリオー ンガーツー
長い	长ザン
長靴	长筒靴子 ザントンシュィーツー
長袖	长袖子ザンジォウツー
仲間	朋友パンイォウ
眺める	眺望ティオーマン
流れる	流リォウ
鳴く	叫チオー
泣く	哭コッ
なくす	落脱ロッタッ
＜財布をなくす＞	
	拿 皮夹子 落脱了 ネー ピーカッツー ロッタッラッ
なくなる	落脱了ロッタッラッ
なぜ	为啥ウエーサー
なぜなら	因为インウエ
夏	热天ニェッティー
夏休み	暑假スーカー
懐かしい	让 人 想念格 ニャン ニン シャンニーアッ ／让 人 怀念格 ニャン ニン ゥワーニーアッ
～など	～咾啥ローサー
七	七チェッ
何	啥サー
＜これは何ですか＞	
	辯 是 啥ガッ ズー サー
＜何時ですか＞	
	几点钟了

	チーティーツォンラッ
ナフキン	餐巾ツェーチン
鍋	镬子オッツー
名前	名字ミンズー
怠け者	懒惰胚レードゥーペー
怠ける	懒惰レードゥー
生の	生格サンアッ
波	波浪ポーラン
並木道	林荫路リンインルー
涙	眼泪水ンゲーリースー
舐(な)める	舔ティー
悩む	烦恼ヴェーノー
習う	学习オッジェッ
並べる	排パー
習う（勉強する）	
	学习オッジェッ
(～に)なる	
	成为ゼンウエー
縄	绳子ゼンツー
ナンバー	号码オーモー
南部	南部ヌーブー

に

二(2)	二ニー／两リャン
似合う	合适アッサッ
匂う	闻メン
苦い	苦クー
二月	两月份リャンイョッヴェン

握る	握オッ
<手を握る>	
	握手オッソゥ
肉	肉ニォッ
憎む	恨エン
憎らしい	可悪格クーオッアッ
逃げる	逃ドー
煮込む	笃トッ
西	西シー
にせの	假格カーアッ
にせ物	假货カーフー
日時	日脚搭辰光
	ニェッチェッタッゼンクァン
日常の	平常ピンザン
日曜日	礼拜日リーパーニェッ
	/礼拜天リーパーティー
~について	
	关于~クエーユィー
日記	日记ニェッチー
日中	日里厢ニェッリーシァン
似ている	像ジァン
<彼は母に似ている>	
	伊 老 像 伊 姆妈格
	イー ロー ジァン イー ムーマーアッ
日本	日本サッペン
日本語	日语サッニュィー
日本人	日本人サッペンニン
日本料理	
	日本菜サッペンツェー
	/日本料理

	サッペンリオーリー
荷物	行李アンリー
入院	住医院ズーイーユィー
入会	入会ザッウエー
入学	入学ザッオッ
入国管理局	
	入国管理局
	ザッコックーリーチォッ
入場料	门票メンピオー
	/入場券ザッザンチュィー
ニュース	新闻シンヴェン
尿	小便シオーピー
煮る	烧ソー
庭	天井ティーチン
にわとり	鸡チー
人形	娃娃ワーワー
人間	人ニン
妊娠	怀孕ウアーユィン
人参	胡萝卜ウールーボッ
にんにく	大蒜头ダースードォウ

ぬ

縫う	绕ニオー
ヌード	裸体ルーティー
脱ぐ	脱タッ
盗む	偷トォウ
布	布プー
沼	沼泽ツォーザッ
塗る	涂ドゥー

241

	＜薬を塗る＞
	涂 药ドゥー イャッ
ぬるい	温吞格ウェンテンアッ
	／勿凉勿热
	ヴァッリァンヴァッニェッ
濡れる	弄湿ロンサッ／淋湿リンサッ
＜雨に濡れる＞	
	拨 雨 淋湿了
	パッ ユィー リンサッラッ

ね

根	根ケン
値	价钿カーディー
値上げ／値上げする	
	涨价ツァンカー
願う	祈愿チーニュィー
＜～さんをお願いします＞	
	请 叫 ～ 听 电话
	チン チオー ～ ティン ディーオー
＜内線5をお願いします＞	
	请 接 内线 五号
	チン チェッ ネーシー ンーオー
葱(ねぎ)	葱ツォン
値切る	还价ウエーカー
ネクタイ	領帯リンター
ネグリジェ	
	睡衣クンイー
猫	猫モー
値下げ／値下げする	
	减价ケーカー
ねずみ	老虫ローゾン
ねたむ	妒忌トゥージー
	／吃醋チェッツー
＜私は彼女をねたんだ＞	
	我 吃 伊格 醋 了
	ンゴー チェッ イーアッ ツーラッ
値段	价钿カーディー
熱	热ニェッ／寒热ウーニェッ
ネックレス	
	项链アンリー
ネットワーク	
	网络マンロッ
値引き／値引きする	
	减价ケーカー
	／打折头タンツァッドォウ
寝坊／寝坊する	
	睏懒觉クンレーコー
眠い	倦ジュィー
眠る	睏觉クンゴー
寝る	睏觉クンゴー
年	年ニー
年金	退休工资テーシォウコンツー
年始	年初ニーツー
年末	年底ニーティー
年齢	年纪ニーチー

の

ノイローゼ

	神経病ゼンチンビン
脳	脳子ノーツー
ノート	笔记本ピェッチーペン
農業	农业ノンニェッ
農家	农户ノンウー
農民	农民ノンミン
納税／納税する	
	交税コーセー
能率	效率ィヨーリェッ
能力	能力ネンリェッ
除く	除(脱)ズー(タッ)
後ほど	过脱 一歇 クータッ イェッシェッ
のど	喉咙オゥロン
＜のどが痛い＞	
	喉咙 痛オゥロントン
＜のどが渇く＞	
	嘴巴 干ツーポー クー
伸ばす	伸展センツー
＜写真を伸ばす＞	
	放大 照片 ファンドゥー ツォーピー
延ばす	延长イーザン
＜予定を延ばす＞	
	推迟 预定 テーズー ユィーディン
野原	原野ニュィーイヤー
登る	爬ポー
＜山に登る＞	
	爬 山ポー セー

昇る	升起来センチーレー
＜日が昇る＞	
	太阳 出来了 ターィヤン ツァッレーラッ
～のみ	只有～ツァッイオウ
飲み水	饮用水インィヨンスー
飲物	饮料インリョー
飲む	吃チェッ／喝ハッ
＜水を飲む＞	
	吃 水チェッ スー
海苔	紫菜ツーツェー
糊(のり)	浆糊チャンウー
乗り換える	
	换 车子ウー ツォーツー
乗り物	交通工具 チオートンコンチュィー
乗る	乘ツェン／坐ズー
＜車に乗る＞	
	乘 车子ツェン ツォーツー
のんびり	笃悠悠トッィオウイオウ

は

葉	叶子イェッツー ／树叶ズーイェッ
歯	牙子ンガーツー
歯ブラシ	牙刷ンガーサッ
パーセント	
	百分比パッフェンピー
パーティー	

	宴会イーウエー
	／聚会ジュィーウエー
パーマ／パーマをかける	
	烫头发タン ドォウファッ
肺	肺フィー
灰	灰フエー
〜倍	〜倍ベー
2倍	两倍リャンベー
3倍	三倍セーベー
灰色	灰颜色フエーンゲーサッ
ハイウェー	
	高架コーカー
排気ガス	废气フィーチー
ハイキング	
	徒步旅行
	ドゥーブーリュィーイン
配偶者	爱人エーニン
灰皿	烟灰缸イーフエーカン
歯医者	牙科医生ンガークーイーサン
配達／配達する	
	发送ファッソン
パイナップル	
	菠萝ポールー
パイプ	管道クードー
俳優	演员イーユィー
入る	进去チンチー
蠅(はえ)	苍蝇ツァンイン
馬鹿	十三点サッセーティー
＜馬鹿にする＞	
	捉弄ツォッノン

	／愚弄ユィーノン
葉書	明信片ミンシンピー
ばかり	刚刚カンカン
今帰ったばかり	
	刚刚 回来
	カンカン ウエーレー
計る	量リャン
＜寸法を計る＞	
	量 尺寸リャン ツァッツェン
はく	穿ツー
＜靴下をはく＞	
	穿 袜子ツー マッツー
吐く	吐トゥー
掃く	扫ソー
＜落葉を掃いた＞	
	扫 落叶ソー ロッイェッ
白菜	黄芽菜ゥワンンガーツェー
爆発／爆発する	
	爆发ボーファッ
博物館	博物馆ポッヴァックー
禿(は)げた	
	秃头トゥードォウ
バケツ	水桶スートン
励ます	鼓励クーリー
箱	箱子シャンツー
運ぶ	运ユィン
はさみ	剪刀チートー
挟む	夹カッ
＜手を挟んだ＞	
	手 轧牢了ソウ ガッローラッ

端	端トゥー
	／边边头ピーピードゥウ
橋	桥チオー
箸	筷子クアーツー
はしか	麻疹モーツェン
始まる／始める	
	开始ケースー
＜会議が始まる＞	
	开 会了ケー ウエーラッ
初めて	第一趟ディーイェッタン
はじめまして	
	初次 见面ツーツー チーミー
場所	地方ディーファン
柱	柱头ズードォウ
走る	跑ボー／奔ペン
恥	耻辱ツーゾッ
＜恥をかく＞	
	坍台テーデー
蓮(はす)	莲花リーホー
バス	公共汽车コンゴンチーツォー
恥ずかしい	
	难为情ネーウエーヂン
バスタオル	
	浴巾イョッチン
バス停	汽车站チーツォーゼー
パスポート	
	护照ウーツォー
パスワード	
	密码ミェッモー
パソコン	电脑ディーノー

旗	旗子チーツー
バター	黄油ウワンイォウ
畑	田ディー
働く	劳动ロードン
蜂	蜜蜂ミェッフォン
八	八パッ
発音／発音する	
	发音ファッイン
はっきり	清爽チンサン
発見／発見する	
	发现ファッイー
発展／発展する	
	发展ファッツー
発表／発表する	
	发表ファッピォー
派手な	挑格ティオーアッ
鼻	鼻头ビェッドゥウ
花	花ホー
話／話す	闲话エーオー
	／讲 闲话カン エーオー
＜話し合いがつく＞	
	谈成了デーゼンラッ
＜話し中(電話)＞	
	占线ツーシー
＜日本語を話す＞	
	讲 日语カン サッニュィー
バナナ	香蕉シャンチオー
離れる	离开リーケー
母	姆妈ムーマー
幅	幅度フォッドゥー

245

省く	省略 サンリェッ
歯ブラシ	牙刷 ンガーサッ
歯磨き粉	
（練り）	牙膏 ンガーコー
（粉）	牙粉 ンガーフェン
ハム	火腿 フーテー
速い	快 クアー
早い	早 ツォー
林	树林 ズーリン
腹	肚皮 ドゥービー
払う	付 フー
＜お金を払う＞	
	付 钞票 フー ツォーピオー
＜埃を払う＞	
	拿 灰 揩脱 ネー フエー カータッ
針	针 ツェン
馬力	马力 モーリェッ
貼りつける	
	贴 ティェッ
春	春天 ツェンティー
パン	面包 ミーポー
繁栄／繁栄する	
	繁荣 ヴェーィヨン
ハンカチ	绢头 チュィードォウ
パンク	爆裂 ポーリェッ
（タイヤなどの）	
	爆脱 ポータッ
番組	节目 チェッモッ
判決	判决 プーチュォッ

番号	号码 オーモー
犯罪	犯罪 ヴェーゼー
万歳	万岁 ヴェースー
晩御飯	夜饭 ィヤーヴェー
ハンサムな	
	英俊格 インチュィンアッ
半ズボン	短裤 トゥークー
半袖	短袖子 トゥージォウツー
反省／反省する	
	反省 ファンシン
反対／反対する	
	反对 フェーテー
反対側	对面 テーミー
パンツ	裤子 クーツー／内裤 ネークー
バンド	
（ベルト）	
	皮带 ピーター
（楽団）	乐队 ィョッデー
ハンドバッグ	
	手提包 ソゥディーポー
ハンバーガー	
	汉堡包 フーポーポー
販売／販売する	
	销售 シオーソゥ
パンフレット	
	小册子 シオーツァッツー
半分	一半 ィエップー
判を押す	盖 图章 ケー ドゥーツァン

ひ

火	火フー
ピーナッツ	
	花生米ホーサンミー
ピーマン	青椒チンチオー
ビール	啤酒ピーチォウ
比較／比較する	
	比較ピーチオー
＜ＡとＢを比較する＞	
	A 搭 B 做 比較
	A タッ B ツー ピーチオー
東	东トン
光／光る	光クァン／发光ファックァン
引き出し	抽屉ツォウティ
引き伸ばす	
	拉长ラーザン
＜写真を引き伸ばす＞	
	放大 照片
	ファンドゥー ツォーピー
引く	拉ラー
＜カーテンを引く＞	
	拉 窗帘ラー ツァンリー
弾く	弹デー
＜ピアノを弾く＞	
	弹 钢琴デー カンチン
(背が)低い	
	矮アー
ひげ	胡子ウーツー
＜ひげを剃る＞	
	刮 胡子クァッ ウーツー
飛行機	飞机フィーチー
飛行場	机场チーザン
ビザ	签证チーツェン
ピザ	比萨饼ピーサッピン
膝(ひざ)	脚馒头チェッムードォウ
久しぶり	老长辰光没
	ローザンゼンクァンマッ
お久しぶりです	
	长远 勿见
	サンユィー ヴァッチー
肘(ひじ)	手馒头ソゥムードォウ
ビジネス	交易チオーイェッ
	／商业サンニェッ
ビジネスマン	
(経営者)	
	企业家チーニェッチアー
(企業の)	
	公司职员
	コンスーツァッユィー
美術	美术メーザッ
秘書	秘书ミースー
微笑／微笑する	
	微笑ウエーシオー
非常に	老ロー
美人	漂亮女人
	ピオーリャンニュィーニン
	／美女メーニュィー
左	左ツー
びっくり／びっくりする	

247

	吃惊チェッチン		皮膚	皮肤ピーフー
日付	日脚ニェッチェッ		暇	空コン
引っ越す	搬場プーザン		秘密	秘密ミーミェッ
羊	羊ィヤン		紐(ひも)	细绳子シーゼンツー
ぴったり	正合适ツェンアッサッ		**百**	百パッ
	ぴったり止まった		百万	百万パッヴェー
	停勒 正好			／一百万イェッパッヴェー
	ディンラッ ツェンホー		表	表格ピオーカッ
必要な	必要格ピェッィヨーアッ		秒	秒ミオー
否定／否定する			**病院**	医院イーユィー
	否定フォウディン		美容院	美容院メーィヨンユィー
ビデオ			**病気**	毛病モービン
(デッキ)			病人	病人ビンニン
	录像机ロッジアンチー		評判	评论ピンルン
(テープ)			表面	表面ピオーミー
	录像带ロッジアンター		**開く**	开ケー
人	人ニン		**昼**	中朗ツォンラン
等しい	相等格シャンテンアッ		**昼ご飯**	中饭ツォンヴェー
一つ	一个イェッアッ		**昼休み**	午休ウーシォウ
一人	一个人イェッアッニン		**ビル**	大楼ダーロゥ／大厦ダーサー
＜一人で行く＞			**広い**	宽敞格クーツァンアッ
	一个人 去イェッアッニン チー		拾う	拾ジェッ
非難／非難する			広げる	推开来テーケーレー
	怪クアー		広さ	宽度クードゥー
避妊／避妊する			広場	广场クァンザン
	避孕ビーユィン		瓶(びん)	瓶ピン
ひねる	扭ニォゥ		品質	质量ツァッリァン
＜手をひねって痛い＞			便箋	信纸シンツー
	手 扭勒 老 痛格		貧乏人	穷人ヂォンニン
	ソゥ ニォウラッ ロー トンアッ			

ふ

ファックス		不幸	勿幸ヴァッシン
	传真ツーツェン	不十分な	勿完全格 ヴァッウーチュィーアッ／勿充分格 ヴァッツォンヴェンアッ
部	部ブー		
営業部	经营科チンインクー／营销科インシオークー	婦人	妇女ヴーニュィー
フィルム	胶卷チオーチュィー	不正な	勿正当格 ヴァッツェンタンアッ
風景	风景フォンチン	防ぐ	防卫ヴァンウエー／防止ヴァンツー
風俗	风俗フォンソッ		
封筒	信封シンフォン	ふた	盖头ケードォウ
夫婦	夫妻フーチー	豚	猪锣ツールー
プール	游泳池イォウィヨンズー	豚肉	猪肉ツーニォッ
増える	増加ツェンカー	二つ	两只リャンツァッ
フォーク	叉子ツァーツー	縁	框クァン／边ピー
深い	深セン	部長	
布巾	揩布カープー	（日本の組織で）	
拭く	揩カー		部长ブーツァン
吹く	吹ツー	（中国の組織で）	
服	衣裳イーザン		处长ツーツァン
＜服を着る＞		ぶつ(殴る)	
	穿 衣裳ツー イーザン		打タン
＜服を仕立てる＞		普通	一般イェッペー
	做 衣裳ツー イーザン	ぶつかる	撞ザン
複雑	复杂フォッザッ	＜車にぶつかる＞	
福祉	福利フォッリー		撞着 车子 ザンザッ ツォーツー
復習／復習する			
	复习フォッジェッ	仏教	佛教ヴォッチオー
福利厚生	福利保健フォッリーポーヂー	仏像	佛像ヴォッジァン
袋	袋袋デーデー	ぶどう	葡萄ブードー

ぶどう酒		フランス人	
	葡萄酒ブードーチォウ		法国人ファッコッニン
太い	粗ツー	フランス語	
太った	胖了パンラッ		法语ファッニュイー
（形容）	胖格パンアッ	ブランド	名牌ミンバー
太る	胖パン	降る	落ロッ
布団		＜雨が降る＞	
（掛け布団）			落雨ロッュイー
	被头ビードォウ	**古い**	旧ヂォウ
（敷き布団）		震える	抖トォウ
	垫被ディービー	ブレーキ	刹车サッツォー
船	船ズー	ブレスレット	
部品	零件リンヂー		手链ソゥリー
部分	部分ブーヴェン	プレゼント	
不平／不平を言う			礼物リーヴァッ
	勿満意ヴァッムーイー	触れる	摸モッ
	／发 牢骚ファッ ローソー	**風呂**	洗浴間ダーィヨッケー
不便な	勿方便格	＜風呂に入る＞	
	ヴァッファンビーアッ		洗浴ダーィヨッ
踏む	踏ダッ	ブローチ	胸针シォンツェン
増やす	添ティー／増加ツェンカー		／别针ビェッツェン
冬	冬天トンティー	プログラム	
フライ	油余イォウテン		节目单チェッモッテー
フライト	航班アンペー	フロント	服务台ヴォッウーデー
フライパン		**文化**	文化ヴェンホー
	平底锅ビンティークー	文学	文学ヴェンイャッ
ブラシ	刷子サッツー	文章	文章ヴェンツァン
プラスチック		文法	语法ニュイーファッ
	塑料ソッリオー	文房具	文具ヴェンヂュイー
フランス	法国ファッコッ		

へ

平均／平均する
　　　　　平均ピンチュィン
平方メートル
　　　　　平方米ピンファンミー
ベーコン　培根ペーケン
ページ　　頁イェッ
閉店
　（看板）关门クエーメン
　（廃業）倒闭トーピー
平和　　和平ウービン
下手な　勿好ヴァッホー
ベッド　床ザン
別に／別の
　　　　　另外リンンガー
　　　　　／別格ピェッアッ
蛇　　　　蛇ゾー
部屋　　房間ヴァンケー
ベランダ　阳台ィヤンデー
縁　　　　边朗ピーラン
ベル　　　铃リン
ベルト　　腰帯ィヨーター
ペン　　钢笔カンピェッ
変化／変化する
　　　　　変化ピーホー
ペンキ／ペンキを塗る
　　　　　油漆イオウチェッ
　　　　　／涂 油漆ドゥー イオウチェッ
返却／返却する
　　　　　退还テーウエー
勉強／勉強する
　　　　　学习オッジェッ
変更／変更する
　　　　　改変ケーピー
弁護士　　律師リェッスー
返事　　　回答ウエータッ
便所　　厠所ツースー
　　　　　／卫生间ウエーセンケー
弁当　　　盒饭アッヴェー
　弁当箱　饭盒ヴェーアッ
変な　　　奇怪格チークアーアッ
便秘／便秘する
　　　　　便秘ピーピー
便利な　方便格ファンピーアッ

ほ

ボーイ
（レストランなどの）
　　　　　服务員ヴォッウーユィー
（男の子）男小人ヌーシオーニン
ボーイフレンド
　　　　　男朋友ヌーバンイォウ
貿易　　　貿易モーイェッ
方角　　　方向ファンシァン
ほうき　　扫帚ソーツォウ
方言　　　方言ファンイー
方向　　　方向ファンシァン
報告　　　报告ポーコー

251

帽子	帽子モーツー	**欲しい**	想要シァンィヨー
宝石	宝石ポーサッ	＜これが欲しい＞	
放送	广播クァンブー		想要 辫个
ラジオ・テレビ放送			シァンィヨー ガッアッ
	广播电视	募集／募集する	
	クァンブーディーズー		招ツォー
包丁	菜刀ツェートー	保証金	保证金ポーツェンチン
ボート	船ズー		／押金アッチン
方法	方法ファンファッ	保証／保証する	
	／办法ベーファッ		保证ポーツェン
訪問／訪問する		干す	晾ラン
	访问ファンヴェン	＜洗濯物を干す＞	
法律	法律ファッリェッ		晾 衣裳ラン イーザン
ボーナス	奖金チャンチン	ポスト	信箱シンシァン
ボール		**細い**	细シー
（球）	球チョウ	ボタン	钮子ニォウツー
（料理用）		**ホテル**	饭店ヴェーティー
	盆ペン	歩道橋	天桥ティーヂオー
ボールペン		**ほとんど**	大部分ダーブーヴェン
	圆珠笔ユィーツーピェッ	骨	骨头クァッドォウ
他の	别格ビェッアッ	微笑む	微笑ウエーシオー
補給／補給する		褒める	表扬ピオーィヤン
	补充プーツォン	ボランティア	
ボクシング		（活動）	志愿活动
	拳击チュィーチェッ		ツーニュィーゥワッドン
北部	北面ポッミー	（参加者）	
ポケット	袋袋デーデー		志愿者ツーニュィーツェー
保険	保险ポーシー	掘る	挖ゥワッ
埃	灰フエー	**本**	书スー
星	星星シンシン	本当の	真格ツェンアッ

252

本当に	真格ツェンアッ		前もって	事先ズーシー
本物	真货ツェンフー		前払い／前払いする	
本屋	书店スーティー			先付シーフー
翻訳／翻訳する			曲がった	弯格ウエーアッ
	翻译フェーイェッ			／歪格フアーアッ
			曲がる	转弯ツーウエー
			巻く	巻チュィー
			枕	枕头ツェンドォウ

ま

マーガリン			枕カバー	枕头套ツェンドォウトー
	麦琪淋マッヂーリン		**負ける**	输スー
マーク	记号チーオー		＜試合に負ける＞	
	／标记ピオーチー			比赛 输了ピーセー スーラッ
＜犯人をマークする＞			曲げる	折ツァッ
	跟踪 犯人		**孫**	
	ケンツォン ヴェーニン		（一般的に／男の子）	
マーケット				孙子センツー
	市场ズーザン		（女の子）	
まあまあ	马马虎虎マーマーフーフー			孙囡センヌー
	／还可以エークーイー		（外孫・男の子）	
枚	张ツァン			外孙ンガーサン
毎（朝／日／月／年）			（外孫・女の子）	
	毎メー			外孙囡ンガーサンヌー
	（天早浪ティーツォーラン		混ざる	混合ウェンアッ
	／天ティー		まずい	勿好格ヴァッホーアッ
	／个号头アッオードォウ		**貧しい**	穷チォン
	／年ニー）		混ぜる	搀ツェー
マイクロバス			＜お湯に砂糖を混ぜる＞	
	面包车ミーポーツォー			热水里 放 糖
前	前头シードォウ			ニェッスーリー ファン ダン
前金	预付款ユィーフークー		**また**	又イォウ／再ツェー

253

まだ	还エー	間もなく	一歇歇イェッシェッシェッ
町／街	街道カードー	守る	守护ソウウー／保护ボーウー
（都市）	城市ゼンズー	真夜中	深夜センイヤー
間違い	错ツー	丸	圆ユィー
間違える	弄错脱ロンツータッ	丸い	圆格ユィーアッ
	／搞错脱ゴーツータッ	まるで	好像ホージァン
待つ	等テン	まれに	少有ソーイォウ
マッサージ		周り	周围ツォウウエー
	按摩ウーモー	回る	转ツー
まっすぐ	一直イェッザッ	万	万ヴェー
まったく	完全ウーヂュィー	漫画	漫画メーオー
マッチ	自来火ズーレーフー	まんじゅう	
祭	庙会ミオーウエー		馒头ムードォウ
〜まで	到〜トー	マンション	
〜までに	到〜为止トー〜ウエーツー		公寓コンユィー
窓	窗门ツァンメン	満足／満足する	
窓口	窗口ツァンコウ		满足ムーツォッ
まとめる	整理ツェンリー		／满意ムーイー
	／总结ツォンチェッ	真ん中	当中タンツォン
まな板	砧板ツェンペー	万年筆	钢笔カンピェッ
学ぶ	学习オッジェッ		
間に合う	来得及レータッチェッ		
マニュアル			
	说明书サッミンスー		
マネージャー（支配人）		見える	看得到クータットー
	经理チンリー	見送る	送行ソンイン
真似る	模仿モーファン	＜見送りに行く＞	
	／学样オッィヤン		去 送行チー ソンイン
魔法瓶	热水瓶ニェッスービン	磨く	磨モー
豆	豆ドォウ	みかん	桔子チュオッツー
		右	右イォウ

み

右の	右边格イォウピーアッ	みにくい	难看ネークー
短い	短格トゥーアッ	ミネラルウォーター	矿泉水クァンヂュィースー
ミス(Miss)	小姐シオーチアー	身分証明書(ID)	身分证シェンヴェンツェン
水	水スー	見本	样品ィヤンピン
水色	天蓝色ティーレーサッ	見舞う	探望トゥーマン
湖	湖ウー	**耳**	耳朵ニートゥー
水着	游泳衣イォウィヨンイー	**土産物**	
水虫	脚癣チェッシー	(特産物)	特产品ダッツェーピン
水割り	加水加冰カースーカーピン	(人に贈る)	礼品リーピン
店	商店サンティー	都	首都ソウトゥー
ミセス(Mrs.)	女士ニュィーズー／夫人フーニン	名字	姓シン
見せる	让～看ニァン～クー	**未来**	未来ヴィーレー
見せてください	请让我看看チン ニァン ンゴー クークー	**見る**	看クー
味噌	酱チャン	ミルク	牛奶ニォウナー
道	马路モールー	民衆	民众ミンツォン／大众ダーツォン
見つける	寻着シンザッ	民主主義	民主主义ミンツーツーニー
見つめる	盯勒看ティンラックー	民族	民族ミンゾッ
見積る	估计クーチー		
見積書	估价单クーカーテー		
密輸入品	走私品ツォウスーピン		
認める	承认ゼンゼン		
緑(色)	绿颜色ロッンゲーサッ		
港	码头モードォウ		
南	南ヌー		

む

無	没マッ
迎える	迎接インチェッ
昔	老早ローツォー
麦	小麦シオーマッ
虫	虫ゾン

蒸し暑い	闷热メンニェッ		＜名誉を失う＞
虫歯	蛀牙ツーンガー		失去 名誉
蒸す	蒸ツェン		サッチー ミンユィー
難しい	难ネー	**命令／命令する**	
息子	儿子ニーツー		命令ミンリン
結ぶ	打结タンチェッ	メーカー	厂家ツァンカー
結びつける		メートル	米ミー
	连接リーチェッ	**眼鏡**	眼镜ンゲーチン
＜ネクタイを結ぶ＞		目薬	眼药ンゲーイャッ
	打 领带タン リンター	雌(めす)	雌ツー
＜靴ひもを結ぶ＞		珍しい	稀奇格シーチーアッ
	缚 鞋带ボッ アーター	目玉焼	荷包蛋ウーポーデー
娘	囡五ヌーンー	メダル	奖牌チャンバー
無駄	白费バッフィー	メニュー	菜单ツェーテー
夢中	热中ニェッツォン	メモ／メモする	
胸	胸シォン		记录チーロッ
紫色	紫颜色ツーンゲーサッ		／笔记ピェッチー
無理だ	没道理マッドーリー	メール	电子邮件
	／勿来三ヴァッレーセー		ディーツーイォウヂー
無料	免费ミーフィー		／伊妹儿イーメール
		めまい	头浑ドゥウェン
め		綿	棉花ミーホー
		免許	执照ツァッツオー
目	眼睛ンゲーチン	免税	免税ミースー
姪	侄囡ザッヌー	面積	面积ミーチェッ
名刺	名片ミンピー	面倒くさい	
名所	名胜ミンセン		麻烦モーヴェー
名物	特产品ダッツェーピン	メンバー	成员ゼンユィー
名簿	名单ミンテー		
名誉	名誉ミンユィー		

も

～も	～也アー
<私も行く>	我 也 去ンゴー アー チー
もう	已经イーチン
もう一度～	再 ～ 一趟 ツェー ～ イェッタン
<もう既に終わった>	已经 结束了 イーチン チェッソゥラッ
儲(もう)け／儲ける	赚ゼー
申し込む	申请センチン／报名ポーミン
もうすぐ	就要チョウィヨー／快要クアーィヨー
毛布	羊毛毯ィヤンモーテー
燃える	烧ソー
モーター	马达モーダッ
目的	目的モッティェッ
木曜日	礼拜四リーパースー
もし	如果ルークー
文字	文字ヴェンズー
もしもし	喂ウエー
持ち上げる	举起来チュィーチーレー
持ち主	物主ヴァッツー
もちろん	当然タンズー
持つ	拿ネー
持って行く	拿过去ネークーチー
もっと	更加ケンカー
元の	原来格ニュィーレーアッ
求める	追求ツーチョウ
戻る	回来ウエーレー
物	物事マッズー
物語	故事クーズー
木綿	棉花ミーホー
桃色(ピンク)	粉红色フェンオンサッ
もやし	豆芽ドゥウンガー
もらう	接受チェッゾゥ／得到タットー
森	森林センリン
漏れる	漏ロゥ
門	大门ドゥーメン
問題	问题ヴェンディー

や

やあ！	啊アー
やかましい	老吵格ローツォーアッ
夜間	夜里厢ィヤーリーシァン
やかん	茶壶ゾーウー
山羊	山羊セーィヤン
焼き魚	烤鱼コーンー
野球	棒球パンヂォウ
焼く	烤コー
約	大约ダーィヤッ

257

薬剤師	药剂师ィャッチースー
役所	政府机关
	ツェンフーチークエー
役職	要职ィヨーツァッ
訳す	翻译フェーイェッ
約束／約束する	
	约定ィャッディン
役に立つ	有用格ィオウィヨンアッ
役人	官员クーユィー
火傷／火傷する	
	烧伤ソーサン
	／烫伤タンサン
野菜	蔬菜スーツェー
易しい	简单チーテー
優しい	心好シンホー
養う	扶养フーヤン
安い	便宜ピーニー
休み	休息シォウシェッ
休み時間	
	休息辰光
	シォウシェッゼンクァン
休む	休息シォウシェッ
＜今日は会社を休む＞	
	今朝 勿 去 上班
	チンツォー ヴァッチー サンペー
やせた	
（状態）	瘦了ソォウラッ
（形容）	瘦格ソウアッ
やせる	瘦ソウ
家賃	房租ヴァンツー

	／房钿ヴァンディー
薬局	药房ィャッヴァン
やっと	总算ツォンスー
雇い主	雇主クーツー
	／老板ローペー
雇う	雇佣クィィヨン
家主	
（一家の主人）	
	户主ウーツー
（大家）	房东ヴァントン
屋根	房顶ヴァンティン
	／屋顶オッティン
山	山セー
止める	停止ディンツー
辞める	辞脱ズータッ
ややこしい	
	复杂格フォッザッアッ
やり直す	重新做ゾンシンツー
やわらかい	
	软格ニュィーアッ

ゆ

湯	热水ニェッスー
有益な	有益格ィオウィェッアッ
夕方	夜快头ィヤークアードォウ
夕食	夜饭ィヤーヴェー
郵便	邮政ィォウツェン
郵便切手	
	邮票ィォウピオー

郵便局	邮局ィオウヂォッ			要求ィヨーヂォウ
郵便物	邮件ィオウヂー	用事	事体ズーティー
ゆうべ(昨夜)		用心／用心する	
	昨日夜到ソッニェッィヤートー			注意ツゥイー
有名な	有名格ィオウミンアッ	幼稚園	幼儿园ィオウアルュィー
ユーモア	幽默ィオウモッ	洋服	衣裳イーザン
床	地板ディーペー	ようやく	终于ツォンュィー
愉快な	愉快格ュィークアーアッ	ヨーロッパ	
雪	雪シェッ		欧洲オゥツォウ
～行き	开往～ケーゥワン	余暇	业余辰光
輸出	输出スーツァッ		ニェッユィーゼンクァン
	／出口ツァッコウ	預金／預金する	
ゆっくり	慢慢叫メーメーチオー		存 钞票ゼン ツォーピオー
ゆで卵	白燉蛋パッザッデー	よく	经常チンザン
輸入	输入スーザッ／进口チンコゥ	翌日	明朝ミンツォー
指	指头ツードォウ	横	横ゥワン
指輪	戒指カーツー	汚れる	弄醒醍ロンオッツォッ
夢	梦マン	～によって	
ゆるい	松ソン		根据～ケンチュィー
許す	原谅ニュィーリァン	酔っぱらい	
			醉鬼ツェーチュィー
		予定／予定する	
			预定ュィーディン

よ

夜明け	凌晨リンゼン	呼ぶ	叫チオー
よい	好ホー	予防／予防する	
酔う	吃醉脱チェッツェータッ		预防ュィーヴァン
用意／用意する		読む	看クー／读ドッ
	准备ツェンベー	嫁	新娘子シンニァンツー
容易な	容易格ィヨンイーアッ	予約／予約する	
要求／要求する			预订ュィーディン

259

夜	夜到ィヤートー	ランチ	中饭ツォンヴェー
喜ぶ	开心ケーシン		
よろしい	好ホー		

り

(〜に)よろしく言う
　　　请 向 〜 问好
　　　チン シャン 〜 メンホー

利益	利益リーイェッ

理解／理解する
　　　理解リーチアー

弱い	软弱ニュィーザッ	陸軍	陆军ロッチュィン
四	四スー	利口な	聪明ツォンミン

離婚／離婚する
　　　离婚リーフン

ら

リコンファーム
　　　确认 坐位
　　　チュォッニン ズーウエー

ラーメン	面条ミーディオー

来月／来週／来年
　　　下个号头オーアッオードォウ
　　　／下个礼拜オーアッリーパー
　　　／明年ミンニー

リサイクル
　　　再利用ツェーリィヨン

ライター	打火机タンフーチー	利子	利息リーシェッ

落第／落第する
　　　勿及格ヴァッチェッカッ
　　　／留級リォウチェー

		リストラ	下岗オーカン
		理想	理想リーシァン
楽な	轻松チンソン	リゾート	避暑胜地
落雷	打雷タンレー		ピェッスーセンディー
ラジオ	收音机ソゥインチー	率	比率ピーリェッ
ラジカセ	收録両用机	陸橋	天桥ティーヂオー
	ソゥロッリァンィヨンチー	リットル	升セン

ラッシュアワー
　　　上下班高峰
　　　サンオーペーコーフォン

理髪店	剃头店ティードォウティー
理由	理由リーイォウ
留学	留学リォウオッ
留学生	留学生リォウオッサン

ラブレター
　　　情书ジンスー

流行／流行する
　　　流行リォウイン

寮	宿舎ソッソー		冷蔵庫	冰箱ピンシァン
両替／両替する			例文	例句リーチュィー
	兌換テーウー		冷房	冷气ランチー
旅館	旅館リュィークー		レインコート	
料金	費用フィーィヨン			雨衣ュィーイー
	／价钿カーディー		**歴史**	历史リェッスー
領事館	領事館リンズークー		**レストラン**	
領収証	収据ソウチュィー			餐厅ツェーティン
両親	爷娘イヤーニァン		レタス	生菜サンツェー
料理	菜ツェー		**列車**	火车フーツォー
旅行／旅行する			レモン	柠檬ニンモン
	旅行リュィーイン		レポート	報道ポードー／報告ポーコー
履歴	履历リュィーリェッ		恋愛	恋愛リーエー
履歴書	履历书リュィーリェッスー		**練習／練習する**	
理論	理论リールン			练习リージェッ
りんご	苹果ピンクー		レンタカー	
臨時の	临时格リンズーアッ			出赁汽车
				ツァッリンチーツォー
			連絡／連絡する	
				联系リーシー

る

留守	勿勒海ヴァッラッヘー
ルビー	红宝石オンポーザッ

ろ

			廊下	走廊ツォウラン
			老人	老人ローニン
			ロータリー	

れ

				交通島チオートントー
例	例子リーツー			／环形交叉
ゼロ	零リン			グエーシンチオーツァー
礼儀正しい			労働	労动ロードン
	有礼貌イォウリーモー			
冷静な	冷静格ランジンアッ			

261

労働者	劳动者ロードンツェー
労働組合	工会コンウエー
六	六ロッ
録音/録音する	录音ロッイン
録画/録画する	录像ロッジァン
六月	六月ロッイョッ
路線バス	公共汽车コンゴンチーツォー
ロビー	门口大厅メンコゥダーティン
論じる	论述ルンザッ
論文	论文ルンヴェン

わ

ワイシャツ	衬衫ツェンセー
賄賂(わいろ)	贿赂ウエールー
ワイン	葡萄酒ブードーチョウ
若い	年轻ニーチン
沸かす	烧开ソーケー
わがまま	犟チァン
わかる	晓得シオータッ
別れる	分手フェンソウ
わける	分开フェンケー
わざわざ	特意ダッイー
わずか	只有ツァッイオウ
わずらわしい	老烦格ローヴェーアッ
忘れる	忘记脱マンチータッ
綿	棉ミー
話題	话题オーディー
私	我ンゴー
私たち	阿拉アッラッ
渡る	过クー
＜川を渡る＞	过河クーウー／过江クーカン
笑い/笑う	笑シオー
割合	比例ピーリー
割る/割れる	弄破脱ロンプータッ／敲碎脱コーセータッ
＜6割る2は？＞	六 除以 二 等于 多少？ロッズーイー リャンテンユィー トゥーソー
悪い	坏ゥワー
悪口	坏闲话ゥワーエーオー
湾	湾ウエー
ワンピース	连衫裙リーセーヂュィン

本書は、先行する幾つかの上海語の教科書・研究書から多大のご教示を得ています。以下、代表的なものを挙げておきます。

呉悦 『基礎からの上海語』 大学書林（1997年）
朱一星・内田慶市編 『現代上海語教本』 白帝社（2001年）
钱乃荣 『上海话语法』 上海人民出版社（1997年）
汤志祥 『实用上海话』 上海教育出版社（2000年）
许宝华・汤珍珠主编 『上海市区方言志』 上海教育出版社（1988年）
叶盼云 『学说上海话』 上海交通大学出版社（1994年）

Language Research Associates 編

- ●張一紅
- ●佐藤直昭(早稲田大学大学院博士後期課程在学中)
- ●鄭成(早稲田大学アジア太平洋研究センター所属(助手):吹込)
- ●勝田直樹(ナレーター:日本語吹込)

スーパー・ビジュアル すぐに使える上海語会話

2004年4月1日 初版発行	2008年6月10日 第2刷発行

著者　　：Language Research Associates ©
発行者　：片岡 研
印刷所　：株式会社シナノ
発行所　：(株)ユニコム　UNICOM Inc.
　　　　　TEL(03)5496-7650　FAX(03)5496-9680
　　　　　〒153-0064 東京都目黒区下目黒1-2-22-1004
　　　　　ホームページ: http://www.unicom-lra.co.jp

許可なしに転載・複製する事を禁じます。　　　　ISBN 978-4-89689-438-7